古典文獻研究輯刊

三六編

潘美月・杜潔祥 主編

第 26 冊

《正蒙》明代三家注研究

邱忠堂 著

國家圖書館出版品預行編目資料

《正蒙》明代三家注研究／邱忠堂 著 -- 初版 -- 新北市：花
木蘭文化事業有限公司，2023〔民 112〕
目 2+158 面；19×26 公分
（古典文獻研究輯刊 三六編；第 26 冊）
ISBN 978-626-344-284-9（精裝）
1.CST：正蒙 2.CST：理學 3.CST：研究考訂 4.CST：明代
011.08   111022058

ISBN-978-626-344-284-9

古典文獻研究輯刊
三六編　第二六冊　　　　　　ISBN：978-626-344-284-9

《正蒙》明代三家注研究

作　　者　邱忠堂
主　　編　潘美月、杜潔祥
總 編 輯　杜潔祥
副總編輯　楊嘉樂
編輯主任　許郁翎
編　　輯　張雅淋、潘玟靜　美術編輯　陳逸婷
出　　版　花木蘭文化事業有限公司
發 行 人　高小娟
聯絡地址　235 新北市中和區中安街七二號十三樓
　　　　　電話：02-2923-1455／傳真：02-2923-1452
網　　址　http://www.huamulan.tw 信箱 service@huamulans.com
印　　刷　普羅文化出版廣告事業
初　　版　2023 年 3 月
定　　價　三六編 52 冊（精裝）新台幣 140,000 元　　版權所有 · 請勿翻印

《正蒙》明代三家注研究

邱忠堂 著

作者簡介

邱忠堂，男，1982 年出生，山東梁山人，哲學博士，內蒙古師範大學馬克思主義學院哲學系副教授、碩士研究生導師、系主任。主要研究方向為宋明理學，致力於張載哲學思想研究。主持國家社科基金項目西部項目「張載《論語》學文獻整理與思想研究」（編號：14XZX025）等課題三項，參與國家社科基金重大項目「張載學術文獻集成與理學研究」（編號：10zd&061）等課題八項，發表論文十餘篇，出版古籍整理著作兩部。

提　要

　　明代是《正蒙》注解史的繁榮期，本書對具有代表性的《正蒙集釋》《正蒙補注》和《正蒙會稿》開展較為系統的研究。

　　《正蒙集釋》承襲朱熹對《正蒙》的批評，以「太虛即太極」為基，闡釋了太極兼具理氣、性既是虛之理又是心之理、理寓於氣之中而氣行於理之表的思想。作為第一個《正蒙》明代注的《正蒙集釋》，通過將「太虛」太極化、理化，開啟了明代以朱子學解讀《正蒙》的先河。《正蒙補注》自覺地批評朱熹，認為太虛非太極、理，而是陰陽未判的元氣，理則依附於太虛元氣。吳訥本想以朱熹理氣論為準則解構張載虛氣思想，但其以太虛為氣之體、太和為氣之用的氣論作為核心所建構的詮釋體系，最終消解了朱熹理氣論對《正蒙》解讀的影響。《正蒙補注》是以氣論為核心詮釋《正蒙》的肇始。明代中期王廷相等人的氣論思想以及王夫之《張子正蒙注》對《正蒙》的詮釋，與《正蒙補注》都有異曲同工之妙。《正蒙會稿》提出天即理、心與理一、理氣合一、理氣皆在太虛之中、合太虛之虛與氣化之氣以為性等思想。從關學視野出發，劉璣解讀《正蒙》，化解摒棄了二程對張載「清虛一大」和朱熹對「太虛」的批評。

　　本書對《正蒙》明代注的研究，在廣度和深度上都有所拓展。

本書係國家社科基金重大項目
「宋明清關學思想通論（七卷本）」
（編號：19ZDA029）的階段性成果

目

次

第一章 緒 論

　　本文所選課題「《正蒙》明代三家注研究」的成立、展開和意義，可以從多方面加以考察。在此，我們基於張載哲學思想研究的現狀，從明代出現了諸家《正蒙》注的學術事實為研究緣起，界定本選題的研究對象，概述相關研究成果，闡明以文獻考察、歷史辨析和哲學詮釋為方法而進行張載哲學思想研究的可行性及其意義。

第一節　研究緣起

　　張載（1020～1077），字子厚，祖籍大梁（今河南開封），生於長安（今陝西西安）。祖父張復，歷任宋太宗、真宗、仁宗三朝，曾於真宗時任給事中、集賢院學士等職，贈司空。父親張迪，仁宗時任殿中丞，後知涪州（今四川涪陵），贈尚書都官郎中。張迪病故於涪州任上時，張載正值童年，弟張戩尚幼，扶柩回鄉途中葬父於鳳翔郿縣（今陝西眉縣）橫渠鎮大振谷口，遂僑寓該地。張載同周敦頤、邵雍、程顥和程頤合稱「北宋五子」，人尊稱其「張子」；因晚年居住且講學於眉縣橫渠鎮，故被尊稱為「橫渠先生」；講學之所橫渠鎮屬陝西關中，加之其弟子門生多為關中人士，遂開創宋明理學的「關學」一派。得益於張載之功，使得「當令洙泗風，鬱鬱滿秦川」，[註1] 其遂被奉為關學開山鼻祖和最重要的代表。張載著作頗豐，有存世的《張子語錄》、《經學理窟》、《橫渠易說》和《正蒙》，有已亡佚的《論語說》、《孟子說》、《中庸說》、《禮樂說》等「諸經說」。其中，採擷一生著作之精華的《正蒙》最具代表性，它

〔註 1〕張載：《張載集》，中華書局，1978 年版，第 388 頁。

是張載哲學思想研究的主要文本依據，故今人有「橫渠之學，盡在《正蒙》十七篇」的評語。〔註2〕

張載哲學研究與中國哲學史研究密不可分。隨著二十世紀初期以來大陸中國哲學史研究的發展，張載哲學研究相應地出現了四個研究階段和三種研究範式。

一、二十世紀初，以西方哲學為參照進行中國哲學史梳理的始創階段。謝無量以「宇宙論」、「修養論」、「人生觀」、「辯證法」、「政治論」等為構架於一九一六年撰成第一部《中國哲學史》，隨後出現以西方實用主義哲學觀點研判中國哲學史的胡適《中國哲學大綱》和完全以西方哲學的新實在論辨析中國古代哲學史料的馮友蘭《中國哲學史》，它們共同開啟了近代中國哲學研究。謝無量稱張載宇宙論「自樹一宗」，是既不同於佛老也不同於周敦頤、邵雍和二程的「氣一元論」。〔註3〕此時的馮友蘭也認為張載的宇宙論為氣一元論〔註4〕，其稱張載哲學中的氣在理學中的地位就如同道家系統中的道〔註5〕，張載哲學的氣一元論近似於西方的「唯物論」〔註6〕；張岱年在1937年撰寫的《中國哲學大綱》中也提出張載哲學的本根論是氣論的唯物論，他說「張載的學說最宏偉淵博，他以氣及太虛說明宇宙。宇宙萬有皆氣所成，而氣之原始是太虛。氣即是最細微最流行的物質，太虛便是時空，以氣與太虛解說宇宙，實可謂一種唯物論。」〔註7〕

二、五十年代至七十年代末教條主義、階級話語式研究中國哲學史的曲折發展階段。新中國建立後，受日丹諾夫的哲學史定義及「兩軍對壘」等觀點的影響，〔註8〕多數學者以此為框架研究中國古代哲學。張載哲學研究，也一時

〔註2〕鍾泰：《中國哲學史》（卷下），臺灣商務印書館，1967年版，第19頁。

〔註3〕謝無量：《中國哲學史》，臺灣中華書局，1976年版，第346頁。另，為了行文方便，先生、老師等敬稱一律省去。

〔註4〕馮友蘭：《中國哲學史》，中華書局，1961年版，第862頁。

〔註5〕「橫渠以『氣』為萬物的根本。氣之全體，他稱之為太和或『道』」、「在理學的系統中，氣的地位有似於在道家系統中底道。」馮友蘭：《新原道》，商務印書館，1954年版，第98頁、105頁。

〔註6〕「假使主張所謂氣一元論者，所謂氣，是一種實際底物，則其主張即近於所謂唯物論。」馮友蘭：《新理學》，商務印書館，1938年版，第76頁。

〔註7〕張岱年：《中國哲學大綱》，《張岱年全集》（卷二），河北人民出版社，1996年版，第22頁。

〔註8〕「科學的哲學史，是科學的唯物主義世界觀及其規律底胚胎、發生與發展的歷史。唯物主義既然是從唯心主義派別鬥爭中生長和發展起來的，那麼，哲學史

陷入唯物／唯心的非此即彼式研究泥淖。馮友蘭獨創「氣學」以界定張載哲學思想，指出張載氣學與道學的另外兩個分派理學和心學三足鼎立，「心學和理學是道學中的唯心主義，氣學是道學中的唯物主義。」〔註9〕張岱年更是以唯物論、唯心論的模式加強對張載哲學是唯物論的界定和論析，撰成張載研究第一本專著《張載──十一世紀中國唯物主義哲學家》，又在專著《宋元明清哲學史提綱》中單列「張載的唯物主義學說」一節、在專著《中國唯物主義思想簡史──從周秦到明清唯物主義思想的發展》中獨闢「張載的唯物主義宇宙論」一節，深入、系統地強調張載哲學的唯物主義性質。〔註10〕當時，認為張載哲學是唯心論者也不在少數，公開與張岱年展開討論的有呂世驤、鄧冰夷、陳玉森、高羽。〔註11〕另外，也有堅持張載哲學既有唯物主義又有唯心主義的學者，稱張載哲學是二元論，其中存在著唯心主義的理學體系與唯物主義思想的矛盾。〔註12〕

　　三、七十年代末至八十年代初，以一九七九年十月在山西太原召開的「全國中國哲學史討論會」為契機，學界對五十年代以來的中國哲學史研究方法論進行了深刻的反思。隨著一九八三年十一月於西安召開的國內第一次「中國哲學範疇」研討會，二十世紀最後十幾年，在追溯繼承二十世紀初期中國研究成果的基礎上，研究者更加注重哲學概念分析、思想內在邏輯等研究方法，進而

　　　　　也就是唯物主義與唯心主義鬥爭並戰勝唯心主義的歷史。」日丹諾夫：《在關於亞歷山大洛夫著「西歐哲學史」一書討論會上的發言》，人民出版社，1954年，第4、5頁。
〔註9〕馮友蘭：《中國哲學史新編》（下），人民出版社，1999年版，第141頁。
〔註10〕張岱年：《張載──十一世紀中國唯物主義哲學家》、《宋元明清哲學史提綱》、《中國唯物主義思想簡史──從周秦到明清唯物主義思想的發展》，《張岱年全集》（卷三、卷四），河北人民出版社，1996年版。
〔註11〕他們論爭的文章先後發表於《哲學研究》的1955年第1期、3期、4期，《北京師範大學學報》的1958年第2期。當時，北京大學哲學系就張載哲學舉行了多次內部討論，其中「很多同志不同意只從宇宙生成過程來看張載的哲學體系，他們認為，張載在哲學的基本問題上，即精神和物質、思維與存在的關係上是唯心主義的。」（《哲學研究》1961年第1期，第66頁。）
〔註12〕侯外盧等：《中國思想通史》（第四卷上冊），人民出版社，1959年版，第556頁。侯外盧後來亦稱「張載的思想體系，既有唯物主義也有唯心主義，雖然這兩方面的思想是結合在一起的，甚至反映於同一個概念和範疇之中，但二者在性質上是截然對立的。張載的理學思想，建立在本體論中唯心主義思想的基礎上，本體論和認識論中的唯物主義思想內容，與其理學思想是矛盾的，不能混為一談，更不是理學思想的組成部分。」（侯外盧等：《宋明理學史》，1984年版，人民出版社，第120頁。）

運用自西方引入的解釋學理論對中國古代哲學的通史、斷代史以及人物個案
展開全面、深入的研究。在張載哲學研究方面出現了大量成果,有繼承二元論
觀點的,〔註13〕亦有堅持唯物主義定性的。〔註14〕而最為值得關注的是對唯
物／唯心研究模式的反思,如丁志偉稱張載哲學「沒有成為嚴格意義上的唯物
主義哲學,同樣也沒有成為嚴格意義上的唯心主義哲學」,〔註15〕再如陳俊民
自覺摒棄唯物／唯心的研究模式而以邏輯範疇方法系統梳理出張載哲學的
「氣─道─性─心─誠」範疇體系,雖然判定張載哲學的本體論為「氣論」,
但未套用唯物／唯心模式框定它。〔註16〕

　　四、上世紀九十年代以來,有關「中國哲學合法性」的討論則是繼七十年
代末八十年代初的哲學方法論反思的又一次反思。這次反思直指二十世紀以
來西方哲學話語背景下的中國哲學研究和中國哲學史學科,基於中國哲學史
研究的「反向格義」範式,提出建立中國哲學詮釋學、進行話語範式的轉換等
問題。在張載哲學研究方面,學術界進行全面反思,梳理了百年來張載哲學研
究的歷程,在傳統的氣本論之外出現了立足問題意識的太虛本體、心本體等詮
釋成果。〔註17〕

　　在如上四個研究階段中,形成了三種張載哲學研究範式,即唯物／唯心的

〔註13〕姜國柱:《張載的哲學思想》,遼寧人民出版社,1982 年版。

〔註14〕程宜山:《張載哲學的系統分析》,學林出版社,1989 年版。

〔註15〕丁志偉:《張載理學觀析疑》載《中國社會科學》,1980 年第 4 期,第 142 頁。

〔註16〕陳俊民:《張載哲學思想及其關學學派》,人民出版社,1986 年版,第 134 頁。

〔註17〕林樂昌:《20 世紀張載哲學研究的主要趨向反思》載《哲學研究》,2004 年第
　　　12 期,第 16～23 頁。進入 21 世紀,學術界就張載哲學尤其是太虛的詮釋依
　　　然存在較大分歧,概而言之主要集中為太虛本體論和氣本體論兩種觀點。相
　　　關成果有:湯勤福《太虛非氣:張載「太虛」與「氣」之關係新說》(《南開學
　　　報》2000 年第 3 期),丁為祥《虛氣相即:張載哲學體系及其定位》(人民出
　　　版社,2000 年版),丁為祥《張載太虛三解》(《孔子研究》2002 年第 6 期),
　　　劉晨、周桂英《太虛與氣──張載太虛本體論思想管窺》(《寶雞文理學院學
　　　報》2006 年第 5 期),徐洪興《「太虛無形,氣之本體」──略論張載的宇宙
　　　本體論及其成因和意義》(《復旦學報》2005 年第 3 期),楊立華《氣本與神
　　　化:張載本體論建構的再考察》(《哲學門》2005 年第 2 期),林樂昌《張載兩
　　　層結構的宇宙論哲學探微》(《中國哲學史》2008 年第 4 期),辛亞民《太虛如
　　　何承載價值──張載「太虛」概念新探》(《中國哲學史》2010 年第 3 期)等。
　　　另有倡言張載心論的學者,稱「『心』實質上即成為聯結形上與形下之世界的
　　　關捩,是體現全部世界之終究實性的本原,亦為全部存在之價值的本原」,從
　　　而提出不同於「氣本論」的「性氣二元論」。(董平:《張載心學結構發微》,載
　　　《寶雞文理學院學報》(社會科學版) 2007 年第 6 期,第 17 頁。)

研究模式（包括二元論）、邏輯範疇的研究模式、問題意識主導下的詮釋學模式。以往的張載哲學研究，主要是立足於《正蒙》文本的哲學詮釋。由於研究範式的不同，再加之研究立場的差異，導致在張載哲學的很多問題上存在分歧，有些問題至今未有定論。當代中國哲學研究的進一步深入開展，有待於研究視野拓展下的研究範式突破，同時關注以往較少使用的研究材料，張載哲學研究亦然。

第二節　研究對象

　　學術界有關《論語》、《周易》、《老子》等經典的研究，已經突破了僅僅依據原文文本的階段，對它們的眾多注本研究一直以來是大家密切關注的課題之一，且取得了豐碩成果。北宋新儒學興起，新儒學開創者張載的代表作《正蒙》也成為宋明理學的經典之一。宋、元、明、清的學術發展史上，出現了大量注解《正蒙》的著作，客觀上形成了《正蒙》的注釋系統。基於歷史上出現的《正蒙》注解著作，《正蒙》注解著作的著錄情況、數量有多少、版本存佚情況、形成的原因、關注的側重點、注解的特點等問題，而對諸如此類問題的解答，要求我們對《正蒙》各家注展開詳細的考證和論析。

　　相較於《正蒙》宋代、元代以及清代注，明代是《正蒙》注解的繁盛期。據初步統計，明代二百六十多年間，出現《正蒙》注本多達二十六種，其中存世的尚有九種之多。〔註18〕九家注中，明代前期的有兩家，中期四家，後期三家。我們本著覓宗溯源的想法，選擇其中較早又能體現朱子學、氣學和關學特點的三家注本，包括佚名《正蒙集釋》、吳訥《正蒙補注》和劉璣《正蒙會稿》，從哲學詮釋的視角出發，探討梳理《正蒙》明代注解著作的著錄、數量、版本、形成的原因、關注的側重點、注解的特點、蘊含的思想等內容，當有一定的學術意義。

　　現存《正蒙》明代注有多種，我們之所以選擇此三家加以研究，主要原因有：第一，從時間角度考察，此三家注在現存《正蒙》明代注中出現的時間最早；第二，從解讀特點考察，通過分析可知，此三家注分別代表了《正蒙》注

〔註18〕考慮到明代（1368～1644 年）的存在時間和王夫之（1619～1692 年）的生活年代，特別是其《張子正蒙注》的撰成時間為康熙二十四年（1685），我們將王夫子《張子正蒙注》視為清代《正蒙》注之屬，故王夫之《張子正蒙注》不在本課題研究對象之列。

解的三種向度，即《正蒙集釋》以朱子學解釋《正蒙》的向度、《正蒙補注》以氣學解釋《正蒙》的向度和《正蒙會稿》以關學解釋《正蒙》的向度；第三，從影響程度考察，三家注在當時以及後世都得到了廣泛傳播和較多繼承。

程朱皆稱《正蒙》難解，故而後人對其多作注解，客觀上形成了《正蒙》注解史。《正蒙》難讀具體難在何處，從《正蒙》所蘊含的哲學思想本身出發，具體應指張載宇宙論哲學如何解讀，這關涉《正蒙》中「天」、「太虛」、「氣」、「道」等諸多重要哲學概念的詮釋，這也是學術界有關張載哲學研究的集中關注點，其中涉及張載哲學本體論和生成論如何分別界定及合一統說〔註19〕、自然與價值如何貫通、人對宇宙中自我地位和角色如何自覺和定位等問題。關於這些問題，學術界已有頗為豐富的研究成果，也存在不同的觀點。

本著溯源析流的學術態度，站在《正蒙》注解史的角度，我們對《正蒙》明代注解著作展開研究，當有助於對上述張載哲學諸問題的理解。翻檢大陸有關中國傳統哲學和張載哲學研究的成果，從哲學詮釋的視角出發對《正蒙》明代注解著作進行系統地研究還比較薄弱，故而我們選擇從《正蒙》注解史的視角出發，選擇《正蒙》明代前中期的《正蒙集釋》、吳訥《正蒙補注》、和劉璣《正蒙會稿》三家注作為本文的研究對象。

2012年中華書局出版的林樂昌撰著《正蒙合校集釋》，選輯《正蒙》十九種歷代注本，為《正蒙》注研究提供了豐富的第一手資料，編入該書的《正蒙》明代注為本課題研究提供了基礎文獻。〔註20〕

第三節　研究成果

明確了本課題的研究對象後，我們在此就《正蒙》注的相關研究成果作如下梳理，以便更好地展開所選課題「《正蒙》明代注研究」的研究。

第一，《正蒙》注有一定的歷史延綿，但我們未見《正蒙》注的通史和斷代專題研究成果。在中國哲學史、思想史、儒學史、理學史等相關著作中，較少見到有關張載《正蒙》注的研究成果。筆者特將學界有關《正蒙》明代注的相關散論加以綜述，以資本課題的深入展開。

〔註19〕此處的「合一統說」主要是針對有些研究者持有的張載哲學思想為二元論的觀點。

〔註20〕林樂昌：《正蒙合校集釋》（上、下冊），中華書局，2012年版。

　　林樂昌撰著的《正蒙合校集釋》是近來《正蒙》研究領域取得的重大成果，從「校正《正蒙》新本」、「整理歷代注本」、「詮釋《正蒙》義理」等方面看，它為張載哲學思想研究奠定了一塊重要基石，必將推動《正蒙》詮釋史研究，特別是諸如本課題的《正蒙》注本的斷代和個案研究。

　　張岱年在《關於張載的思想與著作》中說「《正蒙》艱深難懂，初學須看注解。王夫之的《張子正蒙注》最有名，但他的注也不易懂。比較淺顯易懂而且也比較完備的注解，有王植的《正蒙初義》（乾隆刊本），可以參閱。此外還有明代劉璣的《正蒙會稿》（明刊本，清刊本），明高攀龍、徐必達的《正蒙釋》（明刊本），清李光地的《正蒙注》（康熙刊本），楊方達的《正蒙集說》（雍正刊本）等。但這些注解都有曲解誤釋之處，這也需要注意鑒別。」〔註21〕張岱年在此處所提及劉璣《正蒙會稿》、高攀龍、徐必達《正蒙釋》，提示人們去關注《正蒙》歷代注本的學術史實，進而展開包括明代注本在內的《正蒙》注解史研究。張岱年主要是在以《正蒙》為本的基礎上強調各家注本的輔助作用，故而他提醒初學《正蒙》者要注意各家注中的「曲解誤釋之處」。然而，從《正蒙》注解史的角度看，所謂的「曲解誤釋之處」則值得我們深入探討和具體研究，即辨析曲解誤釋的內容、合理性、特點等。

　　《20世紀張載哲學研究的主要趨向反思》一文中，林樂昌在談到二十一世紀張載哲學研究前景時，稱「對於張載著述和相關文獻資料而言，有兩個層面的工作值得留意。一是對張載代表作《正蒙》一書歷代注釋的整理和研究。歷史上《正蒙》素稱難讀，故自南宋以降，歷代注家不絕。重視《正蒙》注釋系統的整理、研究和使用，一定會有益於張載哲學研究的深化。二是對張載佚書、佚文的搜輯和整理。……通過對張載佚書、佚文的採輯和整理，擴充可供研究使用的文獻材料，相信這將有利於把張載哲學研究推向更高的層次。」〔註22〕本課題正是對第一個層面的具體展開，集中關注《正蒙》明代注，致力於明代各家注的系統研究。

　　湯勤福在《張子正蒙導讀》一文中說，對《正蒙》注釋者很多，他指出朱熹曾注《正蒙》，明清時期有王夫之《張子正蒙注》、王植《正蒙初義》、劉璣《正蒙會稿》、高攀龍集注、徐必達發明的《正蒙釋》、李文炤《正蒙集解》、

〔註21〕張載：《張載集》，中華書局，1978年版，第17頁。
〔註22〕林樂昌：《20世紀張載哲學研究的主要趨向反思》載《哲學研究》，2004年第12期，第23頁。

李光地《注解正蒙》、楊方達《正蒙集說》、李元春《張子釋要》，〔註23〕其中有三種明代注。方光華等於2003年著成的《關學及其著述》的第六章「關學著述提要」在介紹張載及其著作時，提到了包括明代劉璣《正蒙會稿》、高攀龍、徐必達《正蒙釋》和清代王夫之《張子正蒙注》、王植《正蒙初義》、李光地《正蒙注》、楊方達《正蒙集說》以及當代喻博文《正蒙注釋》等七家《正蒙》注解著作。〔註24〕胡元玲所著《張載易學與道學：以〈橫渠易說〉及〈正蒙〉為主之探討》一書，附錄的「《正蒙》注本考」從存、佚（或未見）兩個方面列出宋、元、明、清四十九種《正蒙》和《西銘》注解著作，〔註25〕其中有關《正蒙》明代注先後列出了現存的五種和亡佚（或未見）的七種，其判定雖有紕漏，〔註26〕但對本課題研究亦有啟發意義。肖發榮的博士論文《論朱熹對張載思想的繼承和發展——以朱熹對〈正蒙〉的詮釋為中心》有「《正蒙》歷代注釋情況考察」一小節，其中提及六家《正蒙》明代注。〔註27〕章曉丹著的《韓邦奇哲學思想研究》一書，按時間先後順序列出清代黃虞稷《千頃堂書目》著錄的十二種《正蒙》注釋。〔註28〕這些都有益於本課題的展開。

第二，在有關《正蒙》注的研究中，相較於《正蒙》明代各家注，朱熹《正蒙》注與王夫之《張子正蒙注》受到較多關注，已有不少研究成果。

朱熹《正蒙》注方面有：林樂昌的文章《張載理觀探微——兼論朱熹理氣觀與張載虛氣觀的關係問題》、肖發榮的博士論文《論朱熹對張載思想的繼承和發展——以朱熹對〈正蒙〉的詮釋為中心》、張金蘭的文章《朱熹與張載〈正蒙〉》，這些成果對朱熹注解《正蒙》的相關問題進行了詳細辨析，初步彰明了歷史上第一個《正蒙》注本朱熹注的內容、特點等，有正本清源之功。

〔註23〕湯勤福：《張子正蒙導讀》，載《張子正蒙》，上海古籍出版社，2000年版，第9頁。

〔註24〕方光華等：《關學及其著述》，西安出版社，2010年版，第213頁。

〔註25〕胡元玲：《張載易學與道學：以〈橫渠易說〉及〈正蒙〉為主旨探討》，臺灣學生書局，2004年版，第245～252頁。

〔註26〕胡元玲未能考遍二十六種《正蒙》明代注，這是其紕。另外，其列入「已佚或未見的《正蒙》注本」中的余本《正蒙集解》是見存的，童品的《續正蒙發微》也是可以輯佚的，這是其漏。

〔註27〕肖發榮：《論朱熹對張載思想的繼承和發展——以朱熹對〈正蒙〉的詮釋為中心》，陝西師範大學，2007年，第41～42頁。

〔註28〕章曉丹：《韓邦奇哲學思想研究》，陝西人民出版社，2011年版，第94～95頁。章氏只是抄錄黃虞稷《千頃堂書目》中的《正蒙》注，而未加具體考辨，故未曾發現《千頃堂書目》將「沈貴瑶」誤作「沈黃瑶」等不足。

　　受到二十世紀中國大陸哲學界唯物主義研究的主流趨勢影響，王夫之《張子正蒙注》得到了較多關注，在《正蒙》注研究方面它獲得的研究成果最豐富。劉榮賢的專著《王船山〈張子正蒙注〉研究》、陳衛斌的碩士論文《「天人相繼」——王夫之〈張子正蒙注〉研究》、米文科的博士論文《王船山〈張子正蒙注〉哲學思想研究》、夏劍欽的文章《王夫之〈張子正蒙注〉版本的新發現》、劉潤忠的文章《〈張子正蒙注〉對〈正蒙〉哲學思想的發展》、陳瑞新的文章《〈張子正蒙注〉本體論思想初探》、石立波的文章《從〈張子正蒙注〉看船山學的「切問近思」性》、陳來的文章《王船山〈正蒙注〉的存神盡性論》（上）和（下）、陳來的文章《存神盡性，全而歸之：船山〈正蒙注〉的思想宗旨》、陳來的專著《詮釋與重建——王船山的哲學精神》中「《正蒙注》」專章，都是有關王夫之《張子正蒙注》的研究成果。

　　雖然在某些問題的看法上依然存在差異，它們卻是現階段學術界取得的《正蒙》注研究方面的主要成果，對《正蒙》明代注研究有借鑒意義。

　　第三，《正蒙》明代注的研究比較薄弱。

　　葛榮晉的文章《韓邦奇哲學思想初探》、章曉丹的論著《韓邦奇哲學思想研究》和文章《「形而上之謂道，氣而上之謂性」——韓邦奇哲學思想新探》皆論及韓邦奇《正蒙拾遺》，不過二者的許多觀點有很大差異，如對《正蒙拾遺》中韓邦奇哲學便有氣本論和性本論的迥異定性。另外，章曉丹《韓邦奇哲學思想研究》一書中對韓邦奇《正蒙拾遺》中的道論、性論等思想進行了較為詳盡周密的論述。

　　呂柟和高攀龍哲學思想方面的研究成果很多，包括期刊論文、學位論文和專著等，但是呂柟和高攀龍的《正蒙》注解著作皆未進入研究者的視野。關於《正蒙》明代注者的研究幾近空白，他們的《正蒙》注解著作更是無人關注與研究。

　　筆者認為，學界對《正蒙》明代注解著作關注不足，是有其原因的。首先，《正蒙》明代注釋課題是一種新的研究領域和方向，有待進一步開拓，上引林樂昌《20世紀張載哲學研究的主要趨向反思》一文對此已有論述，此不贅說。其次，西方學術體系意識下中國哲學史、思想史研究範式所帶來的束縛，對屬傳統四部學術類別之子部的《正蒙》的注釋著作，在現代學術分類視野下被歸入文獻學研究領域，則一定意義上被學術界所疏離。以往學界多關注先秦經典的注疏研究，形成了諸經書學史（《尚書》學史、《周易》學史等）、子書學史

（《論語》學史、《孟子》學史、《中庸》學史等）研究傳統，而有關宋明經典著作的注解史實未能受到應有的關注，〔註 29〕其中包括擁有歷代注解的張載《正蒙》。再次，《正蒙》明代注釋者多不在已有中國哲學史專著研究對象之列，部分哲學研究者僅僅喜歡所謂的哲學大家研究，多少影響了學界的視野。最後，關於張載哲學特別是它的宇宙論學界一直存在爭論，學者在論證各自觀點時，需要進一步注重研究方法的深化和研究視野的開拓，更多關注歷史上大量《正蒙》注釋著作。

綜上所述，關於《正蒙》注的一些零星論述，可以啟發我們研究的視角和方法，朱熹《正蒙》注和王夫之《正蒙注》的研究成果有積極的借鑒意義，關於韓邦奇《正蒙拾遺》的研究可以供我們參考。所以，在現有研究成果的基礎上，正視《正蒙》明代注受關注不足的原因，本課題的研究工作是可以展開的。

第四節　研究目標與方法

鑒於本課題的研究對象和研究現狀，我們的研究目標是：考察《正蒙》明代注的數量、時間、地域等，揭示《正蒙》明代注的整體情況，辨析《性理大全》所收《正蒙》注（佚名《正蒙集釋》、吳訥《正蒙補注》、余本《正蒙集解》）、關中地區《正蒙》注（劉璣《正蒙會稿》、呂柟《正蒙抄釋》、韓邦奇《正蒙拾遺》）和明後期三種《正蒙》注（劉儓《正蒙解》、高攀龍《正蒙集注》、徐必達《正蒙發明》），特別是明代初期的《正蒙集釋》、《正蒙補注》和《正蒙會稿》，探明它們對《正蒙》的詮釋所具有的特點及相互之間的關係，進而概括出《正蒙》明代三家注的特點及影響，呈現《正蒙》明代注的樣貌。其中，亟待我們解決的關鍵問題有：考定《正蒙》明代注的數量、注者情況、注本的存佚情況，揭示《正蒙》明代注出現的學術背景，辨析《正蒙》明代注的詮釋特點、義理內涵。通過對《正蒙》明代注研究，展現明人對《正蒙》的理解、對張載哲學的接受，從一個側面管窺明代哲學思想的面貌。概而言之，本研究的目標是：考察注本數量、講明注解背景、辨析詮釋內容、概括注釋特點。

基於此，我們擬採用如下研究方法：文獻學方法、歷史與邏輯相結合的方

〔註 29〕筆者所見，僅有程水龍從文獻學角度對《近思錄》歷代注疏的研究，成果有《〈近思錄〉版本與傳播研究》（上海古籍出版社，2008 年版）、《理學在浙江的傳播——以〈近思錄〉為中心的歷史考察》（上海古籍出版社，2010 年版）、《〈近思錄〉集校集注集評》（上海古籍出版社，2012 年版）三書。

法、概念分析的方法。具體的方法思路是：從基本文獻出發，將學術界較少關注的《正蒙》明代注解著作置於明代哲學思想史和《正蒙》詮釋史的背景下，理清《正蒙》明代注解著作的著錄情況和注解著作形成的思想背景，梳理各個注解作者的學術生平和各個注解著作的特點，探討《正蒙》明代三家注解著作對張載「太虛」、「氣」等重要哲學概念所作的詮釋，以期呈現《正蒙》明代注在明代前期、中期的發展狀況、特點及影響。

憑藉以上《正蒙》明代注的研究緣起、研究對象界定、研究成果回顧、研究目標與方法，筆者希望能夠全面考察《正蒙》明代注的整體情況、辨明《正蒙》明代三注的基本特徵，樂為《正蒙》詮釋史、張載哲學思想等方面研究的引玉之磚。

第二章 《正蒙》宋元明注概述

宋元明清歷代，不乏《正蒙》注解著作。本章首先重點介紹明代之前宋元兩代出現的《正蒙》注解著作，梳理出《正蒙》明代注之前《正蒙》注的發展脈絡。具體內容包括：從著書、篇名、編纂方面，對《正蒙》作概要論述，進而概述歷代張載《正蒙》的注解情況，旨在從《正蒙》注發展史的角度去呈現《正蒙》宋元注的肇始與發展階段的情況。在此基礎上，從文獻考察的角度對宋、元兩代的《正蒙》注進行系統地梳理，具體包括宋代四家注和元代兩家注的存佚等內容。其次，我們對《正蒙》明代二十六家注做一概述，考察其存佚，辨明其著者，並簡要介紹存世九家特別是《新刊性理大全》所收《正蒙》注的情況。

第一節 《正蒙》概論

張載一生著述很多，《正蒙》是其代表作，張載哲學思想的精髓都涵括在該書中，故有學者稱「橫渠之學，盡在《正蒙》十七篇」〔註1〕。在此，我們首先梳理清楚張載撰著《正蒙》的基本情況，辨明《正蒙》書名的義涵、《正蒙》的編纂等方面內容，作為後面《正蒙》注解研究的引子。

一、《正蒙》撰著的時間與《正蒙書》

張載撰著《正蒙》的時間在熙寧三年（1070）至熙寧九年（1076），著成時間是熙寧九年秋。

〔註1〕鍾泰：《中國哲學史》（卷下），臺灣商務印書館，1967年版，第19頁。

　　據張載弟子呂大臨撰《橫渠先生行狀》，熙寧二年（1069）冬，張載受御史中丞呂公著舉薦入朝召對，被任命為崇文院校書，因與王安石不合而被派往浙東處理明州苗振案。熙寧三年，張載還朝，恰逢張載的弟弟張戩因與王安石辯論新法而獲罪，張載遂稱病辭官回到橫渠鎮。〔註2〕熙寧十年（1077）春，由於呂大防推舉，張載再次入朝，任職太常禮院。〔註3〕熙寧三年至熙寧九年間，張載在橫渠鎮進行教學與寫作。關於他當時的寫作情況，弟子呂大臨和范育皆有記載，呂大臨稱張載「終日危坐一室，左右簡編，俯而讀，仰而思，有得則識之，或中夜起坐，取燭以書，其志道精思，未始須臾息，亦未嘗須臾忘也」，〔註4〕弟子范育稱自熙寧三年至熙寧九年張載「寓於橫渠之陽，潛心天地，參聖學之源，七年而道益明，德益尊，著《正蒙書》數萬言而未出也」。〔註5〕《正蒙》撰著於熙寧三年至熙寧九年間，成書於熙寧九年秋，呂大臨對此有記載，稱張載熙寧九年秋，「感異夢，忽以書屬門人，乃集所立言，謂之《正蒙》」。〔註6〕

　　《正蒙》，也稱《正蒙書》，故而張載弟子蘇昞作序文稱「先生著《正蒙書》數萬言」，范育也稱張載「著《正蒙書》數萬言而未出也」。〔註7〕《正蒙書》雖然沒有《正蒙》使用普遍，但在歷史上人們也一直在使用它。

　　關於《正蒙》又名《正蒙書》，最有說服力的證據是現存兩種南宋集書中收有張載的《正蒙書》，一是南宋寧宗慶元三年（1197）《國朝二百家名賢文粹》的卷十九和卷二十收錄《正蒙書》上下兩卷，一是南宋理宗端平二年（1235）的《諸儒鳴道》自卷三至卷十共收錄《橫渠正蒙書》八卷。〔註8〕

　　宋代重要目錄書晁公武《郡齋讀書志》、陳振孫《直齋書錄解題》和尤袤《遂初堂書目》，以及後來元代馬端臨《文獻通考》、脫脫《宋史・藝文志》、明代柯維騏《宋史新編》、清代陸心源《皕宋樓藏書志》、沈青峰（雍正）《陝西通志》都著錄作「《正蒙書》」。宋代的胡安國、呂本中、胡宏、林之奇等都

〔註2〕張載：《張載集》，中華書局，1978年版，第382、383頁。
〔註3〕武澄：《張子年譜》，載於浩《宋明理學家年譜》，北京圖書館出版社，2005年版，第55頁，有「春復召還館，同知太常禮院」的記載。
〔註4〕張載：《張載集》，中華書局，1978年版，第383頁。
〔註5〕張載：《張載集・范育序》，中華書局，1978年版，第4頁。
〔註6〕張載：《張載集》，中華書局，1978年版，第384頁。
〔註7〕張載：《張載集》，中華書局，1978年版，第3、4頁。
〔註8〕佚名輯：《新刊國朝二百家文粹》，宋慶元三年書隱齋刻本。佚名輯：《諸儒鳴道》，宋端平二年黃壯猷修補印本。

曾經提及張載《正蒙書》，胡安國在《乞封爵邵張二程先生列於從祀》中稱張載有「《正蒙書》十七篇」，〔註9〕據呂本中《童蒙訓》記載張載的弟子田腴曾言「向日因看《正蒙書》，似有個所得處」，〔註10〕林之奇上書何憲稱「張橫渠之《正蒙書》，發揮內聖外王之業者，講學之正蒙也」。〔註11〕

更值得一提的是，理學家呂祖謙的弟弟呂祖儉在一封書信中曾提及東陽人張伯安刊印並售賣《二程集》、《正蒙書》之事。〔註12〕這些都表明張載《正蒙》確曾亦以《正蒙書》命名並存在，特別是涉及本文論題的《正蒙》明代注者中，就有直接基於《正蒙書》而命名的注解著作，明初朱隱老的《正蒙書說》便是此類。〔註13〕

二、《正蒙》書名釋義

據呂大臨記載，張載於熙寧九年著成此書時，「乃集所立言，謂之《正蒙》」，〔註14〕將其命名為「《正蒙》」，即《正蒙》或《正蒙書》的書名是張載自己所定。《正蒙》與《正蒙書》並無本質差異，但張載為什麼以「正蒙」命名其書，張載未就「正蒙」書名作說明，學術界對此也少有關注。

《宋史·張載傳》稱張載之學「尊禮貴德，樂天安命，以《易》為宗，以《中庸》為體，以《孔》、《孟》為法」，〔註15〕其中的「以《易》為宗」道出了張載之學與《周易》的關係，表現之一就是「正蒙」書名淵源於《周易》。《周易·蒙卦》有言「《蒙》：亨。匪我求童蒙，童蒙求我。初筮告，再三瀆，瀆則不告。利貞。《象》……蒙以養正，聖功也。」〔註16〕張載對此卦有詳細解讀，《正蒙》中有「『蒙以養正』，使蒙者不失其正，教人者之功也。盡其道，其惟聖人乎！」〔註17〕其中，值得關注的是「蒙者」、「其正」、「教人者」，揭

〔註9〕李心傳：《道命錄》卷第三，清《知不足齋叢書》本。
〔註10〕呂本中：《童蒙訓》卷下，清文淵閣四庫全書本。
〔註11〕林之奇：《拙齋文集》卷八，清文淵閣四庫全書本。
〔註12〕「東陽張伯安，乃齋中人，刊行《二程集》及《正蒙書》之類，寄在城中轉賣。」岳珂：《寶真齋法書贊》卷二十七，清文淵閣四庫全書本。
〔註13〕朱隱老稱「張子《正蒙書》實與《太極圖》、《通書》、《西銘》並傳，而未有為之注釋者，余於是有《正蒙書說》。」宋濂：《故潛峰先生府君墓誌銘》載《文憲集》卷二十二，清文淵閣四庫全書本。
〔註14〕張載：《張載集》，中華書局，1978年版，第384頁。
〔註15〕張載：《張載集》，中華書局，1978年版，第386頁。
〔註16〕周振甫譯注：《周易譯注》，中華書局，1991年版，第25頁。
〔註17〕張載：《張載集》，中華書局，1978年版，第31頁。

示出三者義涵，「正蒙」之名自然就會明晰了。在張載早年著作《橫渠易說》中，張載解讀「蒙卦」時就已經運用了「蒙者」、「教人者」等詞語。張載說「蒙險在內，是蒙昧之義。……雜著於物，所以為蒙。蒙，昏蒙也。」〔註18〕《周易》中講「童蒙」，張載則強調「蒙」，並且將「蒙」歸於「蒙者」而不是「童」。所以，我們認為將「正蒙」書名解讀為「從蒙童教育抓起」是有偏頗的。〔註19〕張載理解的「蒙者」是他一直強調的「學者」，由於「人心多」、「雜著於物」，人原本稟賦天地的精善之性，被蒙蔽。從工夫論的角度看，「使其正」，便是張載通過「知禮成性變化氣質之道」以使學者返歸天地本性之正的思想。〔註20〕「教人者」、「聖人」，則是張載在儒家道統意識下的自我定位。張載以「正蒙」命名其書，突出了其哲學思想的工夫論歸旨，所以明代劉璣才說「《易》有『蒙以養正』之文，故張子取之以名書，篇內《東銘》《西銘》，初曰《砭愚》《訂頑》，皆正蒙之謂也。」〔註21〕《正蒙》多數篇章都在講述如何治學、如何修養。

另外，也有從儒家道統視角出發解釋張載「正蒙」書名的學者，南宋胡宏便是之一。其實，范育認為張載「閔乎道之不明，斯人之迷且病，天下之理泯然其將滅也，故為此言與浮屠、老子辯……」，〔註22〕就已經在道統觀上定位張載極力駁斥道佛兩家學說的思想特點了。南宋胡宏則明確稱《正蒙》書名便是為了「息邪說而正人心」，他說張載「著書萬言，極天地陰陽之本，窮神化，一天人，所以息邪說而正人心，故自號其書曰《正蒙》。」〔註23〕

總之，《正蒙》之名雖源於《周易》，但張載從「為往聖繼絕學」的道統意識出發，針對當時的「學者」，從「天人合一」的維度而做出了本體論與工

〔註18〕張載：《張載集》，中華書局，1978年版，第85頁。

〔註19〕陝西省地方志編纂委員會編：《陝西省志·出版志》，三秦出版社，1998年版，第85頁。另，劉錫辰以「兒童」解「蒙」；湯勤福解讀「正蒙」書名時以「童蒙」解讀「蒙」，都不甚準確。（劉錫辰《張載的教育思想》，載《河南大學學報》（哲學社會科學版）1986年第6期，第100頁；湯勤福《張子正蒙導讀》，載《張子正蒙》，上海古籍出版社，2000年版，第8頁。）王植在注解《正蒙·中正篇》「蒙以養正」章時說「此解『蒙』字。玩《語錄》，似指學者言，不專指童蒙。」（林樂昌編撰：《正蒙合校集釋》上冊，中華書局，2012年版，第478頁）

〔註20〕張載：《張載集·經學理窟·黃韂跋》，中華書局，1978年版，第304頁。

〔註21〕張載：《張載集·劉璣正蒙會稿序》，中華書局，1978年版，第406頁。

〔註22〕張載：《張載集·范育序》，中華書局，1978年版，第5頁。

〔註23〕胡宏：《胡宏集·橫渠正蒙序》，中華書局，1987年版，第162頁。

夫論相統一的主旨定位，〔註24〕所以後世《正蒙》注者多明言張載「蒙以養正」的詮釋與《周易》本意不一，〔註25〕然而這正體現了張載哲學思想的創新性。

三、張載自評《正蒙》

關於《正蒙》，張載有自己的評價，即「枯株晬盤」說。對此，張載弟子蘇昞和呂大臨皆有記錄。張載曾言「吾之作是書也，譬之枯株，根本枝葉，莫不悉備，充榮之者，其在人功而已。又如晬盤示兒，百物具在，顧取者如何爾。」〔註26〕呂大臨《橫渠先生行狀》載「熙寧九年秋，先生感異夢，忽以書屬門人，乃集所立言，謂之《正蒙》，出示門人曰：『此書予歷年致思之所得，其言殆於前聖合與！大要發端示人而已，其觸類廣之，則吾將有待於學者。正如老木之株，枝別固多，所少者潤澤華葉爾。』」〔註27〕

呂大臨所言「忽以書屬門人」中的門人正是蘇昞，呂大臨所引張載之語即是張載對蘇昞提問的回答。其中，「殆於前聖合」、「大要發端」、「莫不悉備」、「百物具在」等語，充分表現了張載對其書及思想的高度自信，也表明了《正蒙》內容的豐富性。「充榮之者，其在人功而已」、「顧取者如何爾」、「觸類廣之，則吾將有待於學者」等語，則表明張載對其弟子及後學的期許，同時也蘊含了《正蒙》詮釋的開放性。

從弟子呂大臨對張載自評的記載，以及蘇昞編纂《正蒙》和後世學者注解

〔註24〕范育為《正蒙》作序，強調張載《正蒙》批駁佛老而挺立儒學的主旨。《宋史·張載傳》中指出，張載認為「秦漢以來學者」存在「以為知人而不知天，求為賢人而不求為聖人」的「大蔽」。（《張載集》，中華書局，1978 年版，第 386 頁）呂大臨在《橫渠先生行狀》中也指出，學者問學時張載多以「知禮成性變化之道，學必如聖人而後已」相告。（《張載集》，中華書局，1978 年版，第 383 頁）張載在《正蒙》多次批評佛老之學，尤其是指出相較於佛老的「道」、「無」儒家之「天」的至上性。從《正蒙》的內容來看，張載確實是從本體、工夫兩個層面合一的角度闡述了儒家「學以致聖」之學，故而才有「枯株晬盤」之喻、晁公武《郡齋讀書志》才轉引張舜民對《正蒙》「陰陽變化之端，仁義道德之理，死生性命之分，治亂國家之經，周不究通」的評價之語。（《張載集》，中華書局，1978 年版，第 414 頁）

〔註25〕明代劉儓曾經稱「張子以為教人者之功，恐非《易》指。」（林樂昌：《正蒙合校集釋》上冊，中華書局，2012 年版，第 477 頁。）另外，清代李光地、張棠、周芳、華希閔也都持此觀點。

〔註26〕張載：《張載集·蘇昞序》，中華書局，1978 年版，第 3 頁。

〔註27〕張載：《張載集》，中華書局，1978 年版，第 384 頁。

《正蒙》等，可見張載的自信和期許得到了弟子們的認可，也在一定程度上促使後世學者對《正蒙》的研究和注解。

四、《正蒙》的編纂

《正蒙》是張載一生著作的集大成，成書之初並未分篇別章，加之張載的自信和期許，以及《正蒙》的精深性和開放性，一定程度上為從學張載最久的蘇昞編纂《正蒙》留下了空間。但是，蘇昞編纂《正蒙》更為直接的原因，是為了回應當時出現的對《正蒙》的批評。

據范育記載，張載熙寧十年卒於驪山下以後，《正蒙》隨之面世和傳播，但是至元祐二年，期間僅僅十三年，便出現了《正蒙》「疑義獨無從取正」（范育《正蒙序》）的現象。〔註28〕對於有關《正蒙》的「疑義」，范育表示深深的憂慮，發出「痛乎微言之將絕也」的歎息。范育說「惟夫子之為此書也，有六經之所未載，聖人之所不言，或者疑其蓋不必道。若清虛一大之語，適將取訾於末學，予則異焉。」〔註29〕在此，范育未指明疑者「或者」何人，但是通過「若清虛一大之語」的提示，我們不難猜到范育所指的「或者」即是二程兄弟。二程對張載的批評涉及多個方面，「清虛一大」只是其一。當然，從張程學術各自的獨立性而言，二程的批評有失公允性。不過，二程的批評影響深遠，並且也是張載《正蒙》的最早詮釋，比如程頤將「太虛」解讀為形而上的「理」的做法，〔註30〕便得到朱熹及後世諸多《正蒙》注解者的繼承。

張載熙寧九年著成《正蒙》，蘇昞是最早見到《正蒙》初稿的學生之一。熙寧十年，弟子蘇昞在張載身邊，記錄了張載與二程在洛陽的談話內容，即《洛陽議論》。蘇昞曾向張載說他想將《正蒙》「區別成誦」，張載以「枯株」、「晬盤」比喻《正蒙》，應允了蘇昞。故而，蘇昞才傚仿《論語》、《孟子》的篇章體例，將《正蒙》內容按照不同義涵分為十七篇。〔註31〕不過，張載熙寧十年冬去世後，《正蒙》才在社會上傳播開來，加之直到元豐六年（1083）蘇昞才將編纂好的《正蒙》展示給范育並請其寫序，元祐二年（1087）蘇昞還在寫信

〔註28〕張載：《張載集·范育序》，中華書局，1978年版，第4頁。

〔註29〕張載：《張載集·范育序》，中華書局，1978年版，第4頁。

〔註30〕「或謂『惟太虛為虛』。子曰：『無非理也，惟理為實。』或曰：『莫大於太虛。』曰：『有形則有小大，太虛何小大可言？』」《二程集》下，中華書局，1981年版，1169頁。

〔註31〕張載：《張載集·蘇昞序》，中華書局，1978年版，第3頁。

催促范育撰寫序文，〔註32〕故而我們推測張載未曾見到蘇昞編纂的《正蒙》。

蘇昞之外，另有編纂《正蒙》者，使得出現篇次和卷數有差異的《正蒙》。陳振孫在著錄《正蒙書》時下按語稱，他所見的《正蒙書》不是范育十七篇編次，而是包含了十九篇內容，只是我們無法得知十九篇的具體情況。〔註33〕陳振孫在按語中還提及胡安國編纂過《正蒙》，稱胡安國將《正蒙》編為一卷。其實，歷史上出現過一卷本、二卷本、三卷本、八卷本和十卷本《正蒙》。胡安國之子胡宏也編纂過《正蒙》，將《正蒙》分為內外二書，共十卷，他在《橫渠正蒙序》一文中說「今就其編剟摘為《內書》五卷，《外書》五卷，傳之同志」，〔註34〕《郡齋讀書志》、《直齋書錄解題》、《文獻通考》、《宋史·藝文志》等所著錄《正蒙》都是十卷本，今皆未見。南宋理宗端平二年（1235）黃壯猷修補印本《諸儒鳴道》收錄的《橫渠正蒙書》是八卷本，南宋寧宗慶元三年（1197）書隱齋刻本《國朝二百家名賢文粹》收錄的張載《正蒙書》是上下兩卷本，二者內容都包含有《西銘》和《東銘》，皆見存，前者藏上海圖書館，後者藏國家圖書館。《正蒙》兩卷本的情況還有：明永樂十三年（1415）胡廣等纂修《性理大全書》收《正蒙》兩卷、《西銘》一卷，明萬曆三十四年（1606）徐必達所輯《合刻周張兩先生全書》收《正蒙》兩卷、《西銘》和《東銘》一卷，明萬曆四十六年（1618）沈自彰刻《張子全書》收《正蒙》兩卷、《西銘》一卷，朱軾校康熙五十八年刻、光緒二十三刊《張子全書》收《正蒙》兩卷、《西銘》一卷。另外，還有將《正蒙》編為三卷者，如張伯行正誼堂叢書《張橫渠集》所收《正蒙》為三卷，《西銘》另為一卷。〔註35〕

總之，我們概述《正蒙》的撰寫、命名、編纂等情況，旨在為下面介紹《正蒙》宋、元、明三代注作一鋪墊。

〔註32〕范育在所作序文中稱「熙寧丁巳歲，天子召以為禮官，至京師，予始受其書而質問焉。其年秋，夫子復西歸，歿於驪山之下，⋯⋯十有三年於茲矣。友人蘇子季明離其書為十七篇以示予。痛乎微言之將絕也！」張載去世後十三年為元豐六年（1083），蘇昞完成《正蒙》編纂。元祐二年（1087）蘇昞又寫信催促范育為《正蒙》寫序，「元祐丁卯歲，予居太夫人憂，蘇子又以其書屬余為之敘⋯⋯」。（張載：《張載集》，中華書局，1978年，第4、6頁。）

〔註33〕「《正蒙書》十卷崇文校書長安張載子厚撰，凡十九篇。⋯⋯又有待制胡安國所傳，編為一卷，末有行狀一卷。」陳振孫：《直齋書錄解題》卷九，清武英殿聚珍版叢書本。

〔註34〕胡宏：《胡宏集》，中華書局，1987年版，第163頁。

〔註35〕林樂昌：《正蒙合校集釋·例言》（上冊），中華書局，2012年版，第1、2頁。

第二節 《正蒙》宋代四家注

宋代有《正蒙》注本四種，分別是朱熹《正蒙》注、熊剛大《正蒙句解》、沈貴瑤《正蒙解》和熊禾《正蒙句解》，其中前兩種是輯錄彙編而成，後兩種皆亡佚。

一、關於朱熹《正蒙》注的爭論

朱熹是否注解過《正蒙》，就此學術界存在看似對立的觀點。古籍出版社一九五六年出版的《張子正蒙注》在其「出版者說明」中說：「《正蒙》是張載最主要的著作，……朱熹曾經給這書作過注解，名《正蒙解》，雖然也表示推崇，大部分卻把他的理論歪曲了。」〔註36〕此處，「出版者」明確指出朱熹為《正蒙》作過注解，該注的名字是《正蒙解》。另外，一九六二年九月二十一日《光明日報》的《哲學》副刊發表張豈之撰寫的文章，稱「朱熹給《正蒙》作注，著重發揮了張載哲學中唯心主義的人性論。」〔註37〕可見，張豈之認為朱熹為《正蒙》「作注」了。

張岱年針對上述觀點，於一九六三年撰寫了《朱熹寫過〈正蒙解〉嗎？》加以批評。他指出「事實上，朱熹寫過《西銘解》，卻沒有寫過所謂『正蒙解』」，後人誤認朱熹有《正蒙解》的原因，是清初朱軾抄錄明代《性理大全》的注解時在《正蒙》題下寫上了「晦翁朱熹注釋」，而實際情況是《性理大全》的「正蒙注解」也是根據《朱子語類》匯抄編錄而成。張岱年一再強調，「正蒙注解」不是朱熹自己寫的，「朱熹不肯給《正蒙》作注」。〔註38〕張岱年的批評有一定的合理性，即朱熹未曾寫過「正蒙注解」，《正蒙解》一書是子虛烏有，從未存在過。在此意義上，《張子正蒙注》的「出版者說明」和張豈之所論，以及後來的韋政通和龔傑所言都是有誤的。韋政通《中國思想史》中依然堅持朱熹有《正蒙解》，他說「朱熹的著作太多，重要的有《大學章句》、……《西銘解》、《正蒙解》。」〔註39〕龔傑在《張載評傳》中也說朱熹為《正蒙》作過注，「乾

〔註36〕章錫琛點校：《張子正蒙注·出版者說明》，北京：古籍出版社，1956年版，第2頁。
〔註37〕張豈之：《論王夫之的〈張子正蒙注〉》，刊發於1962年9月21日《光明日報》，又載於《王船山學術討論集》上冊，湖南省哲學社會科學學會聯合會、湖北省哲學社會科學學會聯合會合編，中華書局，1965年版，第282頁。
〔註38〕張岱年：《朱熹寫過〈正蒙解〉嗎？》，載《文史》第三輯，中華書局編輯部編，中華書局，1963年，第258頁。
〔註39〕韋政通：《中國思想史》上冊，水牛出版社，1980年版，第1154頁。

道八年（1172），四十三歲。著成《西銘解義》。……在此前後，他還注釋了《正蒙》」。〔註40〕但是，正如張岱年所指出的，彙編朱熹與弟子論學語錄的《朱子語類》中存在大量討論《正蒙》的文字資料，這些資料的著作權無疑是朱熹的，〔註41〕將其與《朱子文集》、《四書或問》等著作中朱熹解釋《正蒙》的大量文字加以整理，無疑是可以提供一部輯錄而成的朱熹注解《正蒙》的著作。其實，經過宋代真德秀撰著的《西山讀書記》，到元代黃瑞節編纂的《朱子成書》，再到明代胡廣等編纂的《性理大全書》，就基本完成了朱熹《正蒙》注解的整理工作。〔註42〕

　　仔細辨析各家觀點後發現，其實所謂的爭論不存在實質性意義，誰也無法否認大量朱熹《正蒙》注解文字存在的事實。在此基礎上，問題的關鍵是如何就輯錄彙編而成的朱熹注解《正蒙》著作命名，發生了上述爭論之後再用《朱熹解》命名似不夠嚴謹，畢竟朱熹在世時沒有親筆撰寫《正蒙》注解著作，故而當下學者才依據朱熹著作整理匯輯出朱熹注解《正蒙》的文字並將其命名為「《朱熹〈正蒙解說〉》」〔註43〕或「朱熹《正蒙解說匯錄》」〔註44〕。

二、熊剛大《正蒙句解》

　　熊剛大，建陽人（今福建省建陽市），生卒年不詳，南宋嘉定七年（1214）進士，出仕任建安府學教授。熊剛大少年時從學於朱熹的弟子蔡淵與黃榦，自稱是蔡元定之孫蔡模（覺軒）的門人，後世學者尊稱其古溪先生，撰著有《詩經注解》、《小學集注》和《性理群書句解》三書。熊節輯錄周敦頤、張載、司馬光、程顥、程頤、朱熹的著作編成《性理群書》，熊剛大為該書作注而成《性理群書句解》。〔註45〕

　　《性理群書句解》現存版本有五種，分別是：1. 元刊本《新編音點性理

〔註40〕龔傑：《張載評傳》，南京大學出版社，1996年版，245頁。

〔註41〕劉明：《朱熹與〈正蒙〉》，載《朱熹著作版本源流考》，徐德明等著，中國文聯出版社，2000年版，第178～181頁。

〔註42〕張金蘭：《朱熹與張載〈正蒙〉》，《中國哲學史》2010年第1期，第53～60頁。

〔註43〕張金蘭：《朱熹與張載〈正蒙〉》，《中國哲學史》2010年第1期，第57頁。

〔註44〕林樂昌：《正蒙合校集釋·例言》，中華書局，2012年版，第8頁。

〔註45〕參見《東里集·續集》卷十四、《萬姓統普》卷一、《閩中理學淵源考》卷二十五、《福建通志》卷四十七。另，歷史記載有熊節編《性理群書》和編《性理群書句解》二說，前說為是。熊節，字端操，號復齋，朱子門子，生卒年不詳，《性理群書》之外，著有《中庸解》三卷和《智仁堂稿》十卷。

群書集解前集》，2. 明宣德九年（1434）刻本《性理群書》，3. 日本寬文八年（1668）刊本《性理群書句解》，4. 文淵閣《四庫全書》本，5. 文津閣《四庫全書》本。元刊本題有「熊節（宋）編、熊剛大（宋）解」，明刻本題為「宋熊節撰、熊剛大集」，日本寬文刊本與文淵閣、文津閣《四庫全書》本則皆題作「宋熊節編、宋熊剛大注」。《性理群書句解》節錄張載《正蒙》，熊剛大對所節錄的內容逐句進行了注解，將它們輯錄出來可以彙編成《正蒙句解》一書。

　　《慈湖遺書·後序》、《醫閭集》、《衡廬精舍藏稿》、《東里集·續集》、《四庫全書總目》、《續文獻通考》和《千頃堂書目》中都提及熊剛大注解《性理群書》，這可以看成是熊剛大《正蒙句解》的著錄情況。

三、沈貴瑤《正蒙解》

　　沈貴瑤，又名汝礪，字誠叔，江西饒州德興人（德興原為縣，今為市），師從董夢程學《易》，得程朱之學精髓，為學務求實踐，學者稱其為毅齋先生。〔註46〕沈貴瑤的弟子有：胡方平〔註47〕（胡炳文的同族祖父）、范啟、程若庸、齊魯瞻、吳渭。胡炳文《四書通》的引用書目提及沈貴瑤《正蒙解》，董真卿《周易會通》在介紹鄭復初時稱沈貴瑤著有《正蒙解》，貝瓊《清江文集》所收錄的《潛峰先生祠堂記》中也講到沈貴瑤曾經著有《正蒙解》，不過《宋元學案》稱沈貴瑤著有《正蒙疑解》，推測二者當為一書，然因亡佚而難考。另據陳櫟《定宇集》，沈貴瑤認為程蒙齋的《小學字訓》不完備而對該書作過「增廣」。〔註48〕

　　《四書通》、《周易會通》、《清江文集》、《嘉靖江西通志》提及沈貴瑤《正蒙解》，《宋元學案》、《（民國）德興縣志》稱沈注有《正蒙疑解》。《新刊性理大全書》所收《正蒙補注》引用沈貴瑤的注釋八條，稱「沈毅齋曰」，《正蒙初義》引「沈毅齋曰」一處、引「補注沈毅齋曰」兩處，可將其輯錄彙編加以研究。

〔註46〕董夢程，又名董夢臣，字萬里，號介軒，江西饒州德興人，初從學於董銖（字叔重，德興人，朱熹門人，人稱槃澗先生）及程端蒙（字正思，德興人，朱熹門人），後師從朱熹的另一弟子黃榦，開禧進士，官至朝散郎、欽州通判。《（嘉靖）江西通志》稱其「號毅齋」。

〔註47〕胡方平，字師魯，號玉齋，婺源梅田人。早年學《易》於董夢程，繼從學於沈貴瑤，著《啟蒙通釋》、《外翼》、《易餘閒言》，曾設館休寧新洲，子胡一桂。（彭澤：《（弘治）徽州府志》卷七，明弘治刻本）

〔註48〕陳櫟：《定宇集》卷三，清文淵閣四庫全書本。《小學字訓》，朱彝尊《經義考》作「《小學字說》」。

另，黃虞稷《千頃堂書目》卷十一記載的元代子書中有「沈黃瑤《正蒙疑解》，字成叔，德興人，董鼎弟子。」〔註49〕

此處，黃虞稷將「沈貴珤」誤作「沈黃瑤」，將「誠叔」誤為「成叔」。董鼎，字季亨，德興人，董夢程是其族兄，董真卿是其子。黃虞稷稱沈貴珤是董鼎的弟子，也值得商榷。董鼎曾經說「鼎生也晚，於道未聞。賴族兄介軒夢程親受學於勉齋黃氏、盤澗董氏，故再傳，而鼎獲私淑焉。」〔註50〕董鼎稱其族兄董夢程受學於黃榦、董銖，是朱熹的再傳，而他自己才得以獲得私淑的機會。很明顯，董鼎未言自己與黃榦有師徒關係。所以，四庫館臣才斷言「朱子之學授於黃榦，鼎族兄夢程嘗從榦遊，鼎又從夢程聞緒論，故自序謂『得朱子之再傳』」。〔註51〕《明一統志》卷五十、《萬姓統譜》卷六十八等書中董鼎繼承黃榦「端緒」的記載，則是無視《書傳輯錄纂注・序》中董鼎所言而致誤。

四、熊禾《正蒙句解》

熊禾（1247～1312），字位莘，一字去非，號勿軒，晚號退齋，福建省建陽縣崇泰里（今莒口鄉）人，登南宋咸淳十年（1274）進士，受任汀州（今屬福建）司戶參軍，宋亡後誓不仕元。熊禾早年從學於作為朱熹三傳弟子的從伯父熊慶胄，並受到器許。另外，熊禾學問也受到他族叔熊節的影響。〔註52〕

熊禾的著作頗豐，有《易經講義》、《易學圖存》、《易經訓解》、《周易集疏》、《書說》、《大學尚書口義》、《三禮考略》、《春秋通解》、《春秋論考》、《四書標題》、《大學廣義》、《四書小學集疏》、《文公要語》、《勿軒易學啟蒙圖傳通義》、《文公先生小學集注大成》、《正蒙句解》、《言行龜鑑》〔註53〕、《讀書記》、《熊勿軒先生文集》，其中完整保存下來的有《易經訓解》四卷、《勿軒易學啟蒙圖傳通義》七卷和《熊勿軒先生文集》七卷，殘缺的有《四書標題》存五卷和《文公先生小學集注大成》存三卷。

〔註49〕黃虞稷：《千頃堂書目》卷十一，清文淵閣四庫全書本。
〔註50〕董鼎：《書傳輯錄纂注・序》，清文淵閣四庫全書本。
〔註51〕永瑢等：《書傳輯錄纂注・提要》，清文淵閣四庫全書本。
〔註52〕參考朱鴻林著《中國近世儒學實質的思辨與習學》，北京大學出版社，2005年版，第20～64頁。
〔註53〕黃虞稷：《千頃堂書目》卷十一稱熊禾著《言行龜鑑》二卷。另，《四庫全書總目提要》稱張光祖編《言行龜鑑》八卷且有熊禾所作之序。

清代黃虞稷《千頃堂書目》卷十一和倪璨《宋史藝文志補編・子部》皆稱熊禾著有《正蒙句解》二卷，今未見。

第三節 《正蒙》元代兩家注

元代有《正蒙》注本兩種，分別是鄭元善的《補正蒙解》和朱隱老的《正蒙書說》，二書皆亡佚。

一、鄭元善《補正蒙解》

鄭元善，字復初，玉山人（今江西玉山），元仁宗延祐五年（1318年）進士，明人著作避朱元璋諱多作鄭原善，曾任德興縣丞、處州錄事等職，因為政不合眾而遭誣陷。據清代徐開任記載劉基在入明之前曾經師從鄭元善，稱劉基「受濂洛之學於鄭復初先生，即得其旨，先生大器之。」〔註54〕劉基在文集中記錄鄭元善一些生平事蹟，「玉山鄭先生原善，字復初。延祐名進士，起家德興丞，轉處州錄事，有異政。為眾所忌，遭誣構去官。尋，以疾卒。臨川危君太樸，病執法者不得其平，為著《悲海東辭》。濂亦繼作。時元統癸酉冬十月丁亥也。」〔註55〕

董真卿《周易會通》在引用姓氏中稱「鄭氏，原善，復初，思誠齋，廣信人，登延祐五年第，丞德興時有《補沈毅齋正蒙解》」，〔註56〕可見鄭元善在任德興縣丞時著曾著有《補沈毅齋正蒙解》。關於鄭元善補注沈貴珤的《正蒙解》之事，貝瓊《清江文集》中更為詳細的記載，其中稱沈貴珤《正蒙解》未對《正蒙》「王禘」、「樂器」和「乾稱」三篇加以注解，故而鄭元善補足三篇注解。〔註57〕

據貝瓊《清江文集》所說，鄭元善《補正蒙解》曾與沈貴珤《正蒙解》合編在一起刊行，沈貴珤的弟子胡炳文為之作序，今未見。

二、朱隱老《正蒙書說》

朱隱老（1273～1357），字子方，號潛峰，人稱潛峰先生，江西南昌豐城

〔註54〕徐開任：《明名臣言行錄》卷三，清康熙刻本。

〔註55〕宋濂：《悲海東辭》，《文憲集》卷二十九，清文淵閣四庫全書本。

〔註56〕董真卿：《周易會通・姓氏》，清文淵閣四庫全書本。

〔註57〕貝瓊：《清江文集》卷十六，清文淵閣四庫全書本。

人。宋濂稱「有潛峰先生，其學以聖賢為宗，其文以理氣為主，其行以忠信為本，其接人以明體適用為教。……一踐場屋，不中，益潛心於聖賢之秘，窮索於經，驗諸身心，唯恐有不合者。久之，心與理涵，了然如辨黑白，遂倡鳴道學於荷山之陽，四方學子悉從之遊。」〔註58〕據邵寶所言，元至治二年（1322）拜住任丞相時曾禮聘朱隱老入朝為官，朱隱老未起。〔註59〕宋濂所說「四方學子悉從之遊」的盛狀雖不容置疑，然朱隱老弟子姓名多不見載於史冊，而邵寶在《皇極經世書說》序文中提及吳澄是其門人，稱「其門人吳澄，道學名於當世」更是極不可信。〔註60〕

宋濂所撰《故潛峰先生府君墓誌銘》和林弼所撰《朱隱老傳》，皆載朱隱老感於《正蒙》「未有為之注釋者」、「未備」而著成《正蒙書說》。但是，貝瓊《潛峰先生祠堂記》中卻有朱隱老晚年對《正蒙》「病其難而釋之，豈亦採毅齋所注而損益之歟」〔註61〕的記載，認為朱隱老只是刪減了沈貴珤《正蒙解》。據朱隱老自己所說的「學者往往厭其難，棄而弗講，予於是有《經世書說》。張子《正蒙書》實與《太極圖》、《通書》、《西銘》並傳，而未有為之注釋者，余於是有《正蒙書說》」。〔註62〕可見，朱隱老著有《正蒙書說》，其有可能參考過沈貴珤《正蒙解》。正如前文所述，雖然沈貴珤《正蒙解》未注解《正蒙》最後三篇，但是朱隱老之前的鄭元善已經加以補足了。據此，我們認為貝瓊的推測有誤。

朱隱老之子朱善，明洪武八年廷試第一，授官翰林修撰，官至文淵閣大學士。朱隱老臨終遺言稱「吾著書多未脫稿，芟繁補闕之責，盡在於汝」，〔註63〕著作多未脫稿，要求朱善進行「芟繁補闕」，故而朱善會同朱隱老弟子將其著作加以整理刊行。據林弼《朱隱老傳》，《正蒙書說》之外，朱隱老還著有《經世書說》（《皇極經世書說》）、《易說》、《禮說》、《道德經注》和《曆書》等書。朱隱老著作於明代時便多已散佚不傳，得益于邵寶多方搜求，《皇極經世書說》

〔註58〕宋濂：《故潛峰先生府君墓誌銘》，《文憲集》卷二十二，清文淵閣四庫全書本。

〔註59〕邵寶：《皇極經世書說·序》，明刻遞修本。

〔註60〕理學家吳澄生於1249年卒於1333年，而朱隱老生於1273年卒於1257年。另，吳澄傳記中未曾提及為朱隱老門子之事。

〔註61〕貝瓊：《清江文集》卷十六，清文淵閣四庫全書本。

〔註62〕宋濂：《故潛峰先生府君墓誌銘》，《文憲集》卷二十二，清文淵閣四庫全書本。

〔註63〕宋濂：《故潛峰先生府君墓誌銘》，《文憲集》卷二十二，清文淵閣四庫全書本。

十八卷方得以流傳於世，〔註64〕今收於《四庫全書存目叢書》，其他諸書皆亡佚。

關於朱隱老《正蒙書說》，《文憲集》、《林登州集》和《清江文集》皆有記載，可惜此書已亡佚。

第四節 《正蒙》明代注概論

隨著宋元理學特別是程朱之學的不斷發展，《正蒙》注解史也迎來了它的高峰期。相較於上文所論《正蒙》宋元注的情況，明代是《正蒙》注解史的繁榮期，據筆者統計，明代出現了多達二十六家《正蒙》注解著作。

一、《正蒙》明代注存佚情況

二十六家《正蒙》注分別是：1. 朱謐《正蒙述解》，2. 佚名《正蒙集釋》，3. 章品《正蒙發微》，4. 吳訥《正蒙補注》，5. 劉璣《正蒙會稿》，6. 王啟《正蒙直解》，7. 倪復《正蒙發微》，8. 余本《正蒙集解》，9. 韓邦奇《正蒙解結》，10. 呂柟《正蒙抄釋》，11. 韓邦奇《正蒙拾遺》，12. 孫揚《正蒙集注》，13. 畢濟川《正蒙解》，14. 貢珊《正蒙解》，15. 史於光《正蒙解》，16. 呂賢《正蒙解》，17. 許珍《正蒙分訓注解》，18. 江樊《正蒙通旨》，19. 陳中州《正蒙存疑》，20. 郭文煥《正蒙注釋》，21. 朱得之《正蒙通義》，22. 徐師曾《正蒙章句》，23. 劉儓《正蒙解》，24. 高攀龍《正蒙集注》，25. 徐必達《正蒙發明》，26. 包萬有《正蒙集解》。

在二十六種《正蒙》明代注中，亡佚的有十七種，存世的有九種。

亡佚的十七種《正蒙》注是：朱謐《正蒙述解》、章品《正蒙發微》、王啟《正蒙直解》、倪復《正蒙發微》、韓邦奇《正蒙解結》、孫揚《正蒙集注》、畢濟川《正蒙解》、貢珊《正蒙解》、史於光《正蒙解》、呂賢《正蒙解》、許珍《正蒙分訓注解》、江樊《正蒙通旨》、陳中州《正蒙存疑》、郭文煥《正蒙注釋》、朱得之《正蒙通義》、徐師曾《正蒙章句》、包萬有《正蒙集解》。

存世的九種《正蒙》注是：佚名《正蒙集釋》、吳訥《正蒙補注》、劉璣《正蒙會稿》、韓邦奇《正蒙拾遺》、呂柟《正蒙抄釋》、余本《正蒙集解》、劉儓《正蒙解》、高攀龍《正蒙集注》和徐必達《正蒙發明》。

〔註64〕邵寶在《皇極經世書說》正文前介紹了他訪求該書的經過，稱初見於洛中而後於正德四年從江淮巨卿家獲得，今存《皇極經世書說》即其家容春堂藏明刻遞修本。

二、《正蒙》明代注亡佚十七種

（一）朱諟《正蒙述解》

朱諟，字思寧，〔註65〕浙江永嘉縣人，生卒年不詳。據史冊記載，朱諟勤奮好學，與人言語談論多能揭示儒家性理的奧秘，行為舉止處處嚴謹守禮，鄉民都以其為榜樣。明洪武年間為貢生，曾任邳州（今江蘇邳州）學政，致仕歸鄉以著述為務。朱諟著作有：《西銘解》、《庸言集》、《太極圖解》、《易學啟蒙述解》、《正蒙述解》〔註66〕、《四書述解》〔註67〕，《（萬曆）溫州府志》稱永嘉官府曾經刊梓《正蒙述解》和《四書述解》，然而諸書中僅有《易學啟蒙述解》二卷見存（藏南京圖書館），〔註68〕他書皆亡佚。

《（萬曆）溫州府志》、《（光緒）永嘉縣志》引《（康熙）溫州府志》、《（乾隆）溫州府志》和《浙江通志》引《續文獻通考》皆載朱諟《正蒙述解》，但是《（嘉靖）浙江通志》中卻稱朱諟著有《正蒙解》，在《千頃堂書目》中載朱諟《正蒙直解》。在歷史上，某種《正蒙》注解著作的書名不止一種的情況多有出現，其中或有著錄紕漏。我們採用取早說的做法，在朱諟《正蒙述解》、《正蒙解》和《正蒙直解》中，我們使用《正蒙述解》的命名。

（二）章品《正蒙發微》

章品（1446～1534），字廷式〔註69〕，號慎齋，浙江省蘭溪市香溪鎮人，

〔註65〕黃虞稷：《千頃堂書目》卷三於「朱諟《四書述解》」條作注稱朱諟「字見寧，休寧人」，有誤。《永嘉縣志》、諸本《溫州府志》和《浙江通志》皆稱「字思寧」、「永嘉人」，《千頃堂書目》卷十一也稱「永嘉人」。

〔註66〕《千頃堂書目》作「《正蒙直解》」，恐有誤，《（萬曆）溫州府志》、《（光緒）永嘉縣志》引《（康熙）溫州府志》、《（乾隆）溫州府志》和《浙江通志》引《續文獻通考》皆作「《正蒙述解》」，另《（嘉靖）浙江通志》作「《正蒙解》」。

〔註67〕《（萬曆）溫州府志》和《千頃堂書目》載「《四書述解》」，《經義考》和《（乾隆）溫州府志》載「《四書述義》」，《浙江通志》於《四書述解》引用《（萬曆）溫州府志》之說，《（光緒）永嘉縣志》引《（康熙）溫州府志》載「《四書輔注述義》」，不知《四書述解》、《四書述義》和《四書輔注述義》為三書還是一書。另《浙江通志》依據《秀水縣志》載朱諟著有《四書輔注》。

〔註68〕翁連溪編校：《中國古籍善本總目》（經部）載「《朱子易學啟蒙通釋》二卷，圖式一卷。宋胡方平撰，明朱諟述解。明刻本，清丁丙跋。半頁十二行，十九字。小字雙行，十八字。大黑口，四周雙邊。無刻工。」「藏南京圖書館」。線裝書局，2005年版，第15頁。

〔註69〕《古今圖書集成》「經籍典」卷三百五十九按引《蘭溪縣志》作「廷武」，恐誤，同書「文學典」卷一百三按引《金華府志》作「廷式」。

因先輩出嗣童姓又名童品。幼年時，與章懋齊名，八歲就家塾時在《論語》每卷後面以「子曰字而自撰語言繫之」〔註70〕，成化二十年（1484）為貢生，成化二十二年（1486）中舉，弘治九年（1496）進士及第，作過兵部武庫司主事、兵部車駕司主事、兵部武選司員外郎，卒年八十八。章品為人厲志清苦、推誠任真，受到鄉人敬信，入祀金華府鄉賢祠。《（萬曆）金華府志》載章俊時提及章氏家學，稱章品學問貴精。章品為官不妄交接，閑暇時閉門著述，致仕家居十九年，晚年讀書失明仍以沙畫字使其子記錄，卒前五日仍然在撰寫《五經序》。

章品著有《周易羽義》、《春秋經傳辨疑》、《禮記大旨大成》、《學庸大義辨疑》、《孟子篇類》、《正蒙發微》〔註71〕、《含章子集》、《周易集傳存疑》、《魯經鄒書》、《學庸義》、《正俗編》、《金華文獻錄》、《增注黃庭經》、《歷代興亡鑒》、《格物志》、《四書奏議》、《四書精義》〔註72〕、《重訂孝經傳注》、《四書旁訓》、《皇極經世書內篇注》、《詩書旁注》諸書。章品著作中，今存《春秋經傳辨疑》，版本有三：一是明抄本，一卷，藏上海圖書館；〔註73〕二是文淵閣四庫全書本，上下卷；三是《續金華叢書》民國十三年（1924）永康胡氏夢選樓刊本，一卷。另章品有《天問賦並序》一文見存。

應廷育《金華先民傳》、徐用檢《蘭溪縣志》、黃虞稷《千頃堂書目》、張許《蘭溪縣志》、唐任森《蘭溪縣志》皆載章品《正蒙發微》；《嘉靖浙江通志》作《正蒙解》。《新刊性理大全書》所收《正蒙補注》引用童品《正蒙發微》二十一條，非常有價值，可輯錄出加以研究。

（三）王啟《正蒙直解》

王啟（1468～1529），字景昭，初號學古，後改號東瀛〔註74〕，浙江黃岩縣柏嶴村人，北宋著名宰相王旦後裔，祖父王欽，正統七年（1442）進士，未及參加廷試而卒，父王淞，因王啟贈右副都御史。王啟自幼穎悟過人，書史過

〔註70〕應廷育：《金華先民傳》卷二，明抄本。

〔註71〕祁承爜《澹生堂藏書目》、《千頃堂書目》、《明史》皆稱「童品《續正蒙發微》二卷」。

〔註72〕《浙江通志》稱《金華先民傳》載章品的《四書精義》，然今於《金華先民傳》未見，恐有誤。

〔註73〕翁連溪編校《中國古籍善本總目》（經部）載「《春秋經傳辨疑》一卷，明童品撰，明抄本」，「藏上海圖書館」。線裝書局，2005年版，第109頁。

〔註74〕《（萬曆）黃岩縣志》作「東瀛」，《經義考》引《台州府志》載「學者稱東瀛先生」，《古今圖書集成》「經籍典」第三百二十六卷亦作「學者稱東瀛先生」，故疑四庫館臣稱王啟「號柏山」有誤。

目不忘，家貧而得到知縣資助，十九歲登成化丁未年（1487）進士，及第後歸家婚娶，後授霍邱知縣，歷任南臺監察御史、江西按察僉事、江西按察副使、容縣知縣、四川蓬州知州、江西右布政使、右都御史巡按雲南和刑部右侍郎〔註75〕。王啟為官忠直，不避權貴，曾先後得罪了外戚張鶴齡、內侍董讓、劉瑾、藩王朱宸濠等人，故而宦途曲折。王啟著作有：《正蒙直解》、《周易傳疏》、《元鑒年通》、《赤城會通記》、《尊鄉續錄》、《撫滇翊華錄》、《邇言》、《周禮疏義》、《古文類選》〔註76〕、《大學稽古衍義》、《東瀛橐義》、《蜂記王氏族譜》、《柏山文集》，皆亡佚。

　　過庭訓《本朝分省人物考》、焦竑《國朝獻徵錄》、雷禮《國朝列卿紀》、黃虞稷《千頃堂書目》、萬斯同《明史》、張夏《洛閩源流錄》、《（光緒）黃岩縣志》、《（民國）黃岩縣志》、《古今圖書集成》稱王啟著有《正蒙直解》，《（萬曆）黃岩縣志》言王啟有《正蒙解》。

（四）倪復《正蒙發微》

　　倪復，字汝新，號畏庵，浙江鄞縣人，生卒年不詳。倪復性端嚴毅，青年時勤於學習，不分寒暑，善做讀書筆記，不摘章摘句，務求真義指歸。倪復曾言「士生程朱後，已幸有坦程矣，更欲立門戶與抗邪？」〔註77〕說經談理謹遵程朱且有會通創新，參引《尚書・金縢》「新逆」辨析解讀《大學》「親民」，講解《周易》、《正蒙》詞旨洞達，故學生都能釋然有所領悟。〔註78〕倪復又精於鍾律，探析名數鑿然中理，而與前人注疏相趣。他為人孝友，親喪哭泣而致目疾，學生束脩全部用於資助學生；檢身以禮，從不入市肆優場。倪復樂於提攜學生，史冊有記載的弟子有余本（1482～1549）。余本著有《正蒙集解》，此待後文詳論。

　　倪復著有《易繫辭解》、《中庸解》、《正蒙發微》、《皇極經世書通解》、《鍾律通考》、《閒居漫讀記》、《東巢雜著》、《壺齋問答》、《救災集議》、《禘祫議》、《潏湖議見》、《聞欄楯》、《觀古錄》、《畏庵存稿》、《奉化縣志》、《詩傳纂義》，其中《鍾律通考》六卷（文淵閣四庫全書本）和《詩傳纂義》不分卷（清抄本）

〔註75〕《四庫全書總目》和《續文獻通考》皆稱王啟「官至刑部尚書」，恐有誤。
〔註76〕崔銑：《洹詞》卷十一載「古文類選序」稱為「潼谷王公」所稡集，《千頃堂書目》判為黃岩王啟。另《古今圖書集成》「經籍典」第三百二十六卷稱王啟「編《古文類選》」。
〔註77〕徐象梅：《兩浙名賢錄》卷四，明天啟刻本。
〔註78〕徐象梅：《兩浙名賢錄》卷四，明天啟刻本。

見存，他書皆亡佚。另，今見詩歌十八首。

《兩浙名賢錄》、《（嘉靖）寧波府志》、《萬姓統譜》、《甬上耆舊詩》、《（康熙）鄞縣志》、《（雍正）寧波府志》、《千頃堂書目》、《古今圖書集成》均提及倪復《正蒙發微》，然而今未見。

（五）韓邦奇《正蒙解結》

韓邦奇（1479～1555），字汝節，號苑洛，陝西朝邑人。正德三年（1508）進士，歷任吏部考功主事、吏部員外郎、平陽通判、浙江按察僉事、山東參議、山西左參政、四川提學副使、右春坊右庶子、翰林院修撰、南京太僕寺丞、山東按察副使、大理左少卿、左僉都御史、佐院事、巡撫山西、總理河道、刑部右侍郎、吏部右侍郎、南京都察院右都御使、南京兵部尚書。嘉靖二十八年（1551），南京兵部尚書致仕。嘉靖三十四年（1555）十二月，陝西關中發生地震，韓邦奇遇難，卒年七十七。朝廷卒賜祭葬，賜太子太保，諡恭簡。韓邦奇著作豐富，有《毛詩未喻》、《書說》、《洪範圖解》、《禹貢詳略》、《周禮義疏》、《易學啟蒙意見》、《易占經緯》、《卦爻要圖》、《易林推用》、《易說》、《樂律舉要》、《律呂直解》、《苑洛語錄》、《苑洛集》、《苑洛志樂》、《大同記事》、《正蒙解結》和《正蒙拾遺》，其中存世的有《樂律舉要》、《律呂直解》、《苑洛語錄》、《苑洛集》、《洪範圖解》、《禹貢詳略》、《易學啟蒙意見》和《正蒙拾遺》。

韓邦奇撰著《正蒙解結》的時間是明弘治年間，後來他看到劉璣的《正蒙會稿》，認為劉璣之書注解《正蒙》難易兼備，故而決意將自己的《正蒙解結》焚燒掉。韓邦奇《正蒙會稿序》和樊得仁《性理三解序》對此皆有記載，《正蒙會稿序》稱「弘治中，余嘗著《正蒙解結》，大抵先其難者。繼見蘭江章式之之《發微》，大抵詳於易者。及見先生《會稿》，則難易兼舉詳而不遺矣。於是，取《解結》而焚之。」〔註79〕《性理三解序》中說的更為詳細，樊得仁稱「弘治中，先生著《正蒙解結》釋其難，蘭江章先生著《正蒙發微》，詳於易。先生欲合為一書。繼見近山劉先生《會稿》，曰：『難易兼舉矣。』取《解結》而焚之。正德以來，世儒附注於《正蒙》者複數家。後先生乃以張子之大旨未白，一二策尚欠詳明，於是作《拾遺》。」〔註80〕據此可知，韓邦奇弘治中焚

〔註79〕韓邦奇：《苑洛集》卷一，清文淵閣四庫全書本。

〔註80〕樊得仁：《性理三解‧性理三解序》，清乾隆十六年重刻本。此《性理三解》是樊得仁所刻，包括韓邦奇的《正蒙拾遺》、《啟蒙意見》和《洪範圖解》三書，樊得仁的序作於嘉靖壬寅，即嘉靖二十一年（1542）。

燒了《正蒙解結》，到正德年間又作了《正蒙拾遺》。

（六）孫揚《正蒙集注》

孫揚（1486～1546），字世顯，號石臺，諡號文孝先生，浙江東陽縣人。父孫璉，字廷器，號覺齋，篤信朱子之學，以「窮理以致其知，反躬以踐其實」為座右銘，不贊同陽明之學，絕命詩謂「武夷山上鳳凰鳴，音協簫韶分外明。可惜蟬蛙不禁口，更相聒耳亂人聽。」〔註81〕孫揚自幼聰慧過人，十三歲入縣學，父歿棄廩學，致力為己之學，一生秉持朱子之學，故而清代戴殿江在《金華理學粹編》中將孫揚歸入「理學正傳」中的「朱子私淑門人」，並稱其為「紫陽嫡派」。〔註82〕當時王陽明之學方興，與朱學相牴牾。王陽明在越，孫揚造訪詰難知行合一之說。陽明問「子從何來？」孫揚答「道嵊縣。」陽明說「子到嵊縣，便知嵊縣。」石臺辯「不然。必須曉得嵊縣，方能到嵊縣。否則，走向別處去。」孫揚辯難甚力，陽明不復答，孫揚歸而著《質疑稿》，稱「陽明之學，海內信從。揚讀其書而不得其說，乃條列為稿。時復展玩，內以質之於心，外以質之有道君子，將必有以釋吾疑者。」〔註83〕

孫揚三十七歲時為《正蒙》作注，至《樂器篇》因病而中止。五十六歲續注《王禘篇》、《乾稱篇》，始成《正蒙集注》。〔註84〕另有著作《課餘憂餘休餘稿》、《四書窺測》、《儀禮經傳集注》、《中庸答問》、《周易本義窺測》、《定志編》、《質疑稿》、《宗正緒餘錄》、《小學韻語》、《石臺文集》、《莫軒集遺》。今存《小學韻語》三卷（道光本）、《定志編》二卷（乾隆本）、《質疑稿》三卷（乾隆二十八年本）和《孫石臺先生遺集》二卷附二卷（乾隆四十四年刻本），他書皆亡佚。

《孫石臺先生遺集》、《（道光）東陽縣志》、《金華理學粹編》皆提及孫揚著有《正蒙集注》，且有流傳，惜今未見。

（七）畢濟川《正蒙解》

畢濟川，字汝舟，江西貴溪人，人稱華山先生，生卒年不詳。史載，畢濟川弘治十一年（1498）鄉試得魁首，弘治十五年（1502）中進士，授官翰林院庶吉士，弘治十七年（1504）升任翰林院編修。翰林院編修之外，畢濟川未再

〔註81〕孫揚：《孫石臺先生遺集·先君覺齋先生行狀》卷二，清乾隆四十四年刻本。
〔註82〕戴殿江：《金華理學粹編》卷九，清光緒刻本。
〔註83〕戴殿江：《金華理學粹編》卷九，清光緒刻本。
〔註84〕孫揚：《孫石臺先生遺集·正蒙集注題辭》卷一，清乾隆四十四年刻本。

任他官，他「為人豪爽英達，工歌詩，為古文辭，肆筆立就，浩浩乎不窮，稱俊才焉。」〔註85〕據明人張元忭《館閣漫錄》卷九記載，畢濟川於正德元年（1506）曾經請假護送母親回家鄉。畢濟川精於史，參加了《明孝宗實錄》的編撰，為母守喪時又主修了《新安畢氏族譜》。畢濟川之父是畢瑜，字珍廷，其由進士選為庶吉士，歷任工部、刑部，後升山東提學按察司僉事。畢濟川的弟弟畢濟時，字汝霖，弘治八年（1495）中舉，正德六年（1511）中進士，仕終工部郎中。

畢濟川的著作有《春秋會同》、《正蒙解》、《新安畢氏族譜》，並參與編修了《明孝宗實錄》，其中僅《新安畢氏族譜》和《明孝宗實錄》見存。《（嘉靖）廣信府志》、《（同治）廣信府志》、《（同治）貴溪縣志》和《（光緒）江西通志》中記載畢濟川著有《正蒙解》，然已亡佚。

（八）貢珊《正蒙解》

貢珊，字廷甫，安徽宣城人，生卒年不詳，家貧力學，弘治十四年（1501）中舉，正德六年（1511）中進士，授唐山知縣。貢珊為人孝友，史載其曾經為母嘗糞，為兄吮疽。〔註86〕據李默《（嘉靖）寧國府志》記載，貢珊為官勤政愛民，在唐山任上鋤強扶弱，還官田於民，受到民眾愛戴，尊稱其為「佛爺」，為其立生祠。〔註87〕貢珊卒於京師，家貧無力為喪，得益於朋友和唐山民眾資助方才歸喪。

凌迪知稱貢珊「學宗孔孟，政慕龔黃」，〔註88〕著有《史學斷義》、〔註89〕《易經發鑰》、〔註90〕《皇極解》、《正蒙解》、〔註91〕《唐山集》、《闕齋集》等書，諸書皆亡佚。

〔註85〕張士鎬：《（嘉靖）廣信府志》卷十七，明嘉靖刻本。

〔註86〕黎晨《（嘉靖）寧國府志》卷八載貢珊「性尤孝友，母嘗遘疾，珊和藥嘗糞，寢食俱廢。兄晙病疽，珊輒吮之。」明嘉靖刻本。趙宏恩《（乾隆）江南通志》卷一百四十八稱貢珊「母疾嘗糞，兄病疽吮之。」清文淵閣四庫全書本。

〔註87〕黎晨：《（嘉靖）寧國府志》卷八，明嘉靖刻本。凌迪知：《萬姓統譜》卷九十一，清文淵閣四庫全書本。

〔註88〕凌迪知：《萬姓統譜》卷九十一，清文淵閣四庫全書本。

〔註89〕《（嘉靖）寧國府志》卷八作「《史學斷義》」，《千頃堂書目》卷四作「《史學斷疑》」。

〔註90〕《萬姓統考》卷九十一作「《易經發鑰》」，《千頃堂書目》卷一作「《周易發鑰》」。

〔註91〕《（嘉靖）寧國府志》卷八作「《正蒙、皇極解》」，《（乾隆）江南通志》卷一百九十作「《皇極解》、《正蒙解》」。

《（乾隆）江南通志》、《宣城縣志》、《（萬曆）寧國府志》、《（嘉靖）寧國府志》皆載貢珊《正蒙解》，然已亡佚。

（九）史於光《正蒙解》

史於光（1492～1539），字中裕，號筍江，福建晉江人，家貧力學，事親至孝，正德八年（1513）中舉人，正德十二年（1517）中進士，授翰林庶吉士，後疏歸，五年後起授吏科給事中，尋病歸，四年後復起。史於光為政時，正值明世宗即位後的議大禮事件，他站在正統派立場上極力反對張璁以世宗生父為皇考的諂媚之見，後來又上書勸諫皇帝召回因議大禮遭貶謫官員，不得見用。嘉靖十八年（1539），史於光卒於官舍，享年四十七。

史於光勤學博覽，精於易，《（乾隆）泉州府志》稱其「居必謝煩囂，處幽寂，博極群書，補《策學衍義》之所未備，尤精意於易，作《易經正蒙》，便學易者，俾有從入蹊徑。雖寒暑，夜不熄燈，思有得即起而書之。」〔註92〕其深夜有得便起而書之的治學精神，有張載勤學力著的身影。據李清馥《閩中理學淵源考》卷六十四記載，史於光與泉州三狂林希元、陳琛、張岳同年中進士，都以經學名世，以朱子學為旨。《（乾隆）泉州府志》記載，陳琛之子陳敦履「弱冠從史於光學易，推高弟」，張應星「自幼開敏，喜讀書，從晉江史於光、邑先輩林希元學」，黃凱「嘗與史於光遊」，黃潮「幼聰穎，從張文應學《春秋》、史於光學《易》」。〔註93〕從學者甚眾，《閩中理學淵源考》卷六十四稱之為「給諫史中裕先生於光學派」。

史於光著有《易解》、《四書解》、〔註94〕《易經正蒙》、《正蒙解》、《筍江集》等書，還編修了《泉州府志》。《（崇禎）閩書》、《閩中理學淵源考》、《（乾隆）晉江縣志》和《（道光）晉江縣志》皆稱史於光有《正蒙解》，惜已亡佚。

（十）呂賢《正蒙解》

呂賢（1493～1554），字良器〔註95〕，號鵝峰處士，江西永豐縣岑陽鎮人。曾祖文敖，祖子昂，父茂輝，母姓俞，叔父琛，呂賢自十五、六時就因博學強

〔註92〕陽思謙：《（萬曆）泉州府志》卷四十二，明萬曆刻本。

〔註93〕懷蔭布：《（乾隆）泉州府志》卷四十三、卷四十八、卷五十五、卷五十九，清光緒八年補刻本。

〔註94〕何喬遠《（崇禎）閩書》卷八十五作「《易解》、《四書解》」，《閩中理學淵源考》卷六十四作「《易說》、《四書說》」。

〔註95〕《經義考》卷九十七稱「字宗器」，《古今圖書集成》「經籍典」第三百二十六卷按引《江西通志》稱「字示器」，恐皆誤。

記和精於舉業而補入邑庠為諸生。史稱呂賢本來喜歡逍遙而漸漸斷絕了追求功名富貴的念頭，後又因父喪母多病而放棄舉業，專心侍奉母親。娶妻祝氏，育有三子（懷、懌、慎）二女。呂賢以禮治家，內外肅肅；以仁待人，常接濟族人；守正道，不信邪佞；好讀書，重涵養心性。呂賢著作甚豐，有《皇極經世解》、《律呂新書解》、《正蒙解》、《洪範皇極解》〔註96〕、《鵝峰遺稿》，皆亡佚。

呂懷，字汝德，進士及第受左春坊左司直兼翰林院檢討。呂賢以子贈儒林郎左春坊左司直兼翰林院檢討，敕文稱其「賢雅負英才，夙有奇志，擅名鄉校，著望州閭。尋厭詞章，專心理學，且誠能格物，孝可感天」。〔註97〕呂懷曾從遊於湛若水，受湛器重，湛若水為呂賢作有《鵝峰處士呂公傳》。另，應呂懷之請，呂柟為呂賢作有《鵝峰處士呂君墓表》，墓表中有「貞齋早師，甘泉晚逢」的記載，〔註98〕即呂賢早年曾經從學同府人江汝璧，晚年因長子呂懷從學緣故與湛若水相識。

湛若水《泉翁大全》、嘉靖甲辰《永豐縣志》、凌迪知《萬姓統譜》和《古今圖書集成》皆稱呂賢著有《正蒙解》。

（十一）許珍《正蒙分訓注解》

許珍，字時聘，號靜庵，浙江天長人，生卒年不詳。許珍嘉靖九年（1530）任黃梅縣訓導，後來又任南充縣教諭、太平縣教諭和兗州府教授數職。《（嘉靖）補修天長縣志》稱許珍「無他嗜好，惟讀書竟日夜，求之務得而後已。如太極律呂諸書，沉思默識，心手相應，頗得宋儒之傳。」〔註99〕

許珍的著作有：《正蒙分訓注解》十卷、《律呂新書分注圖纂》十三卷、〔註100〕《太極圖解釋義》一卷、《性理正蒙分節解》十七卷，皆亡佚。其中，《（嘉靖）補修天長縣志》、《江南通志》、《（光緒）重修安徽通志》中記載許珍有《正蒙分訓注解》十卷。

（十二）江樊《正蒙通旨》

江樊，號荊山，浙江開化人，生卒年不詳。江樊曾經從學於汪嘉會（開化

〔註96〕《經義考》卷九十七，稱呂賢有「《洪範解》一卷」。
〔註97〕管景：《（嘉靖）永豐縣志》卷四，明嘉靖刻本。
〔註98〕呂柟：《涇野先生文集》卷三十七，明萬曆刻本。
〔註99〕張宗泰：《（嘉慶）補修天長縣志稿》卷八上，清嘉慶十年修民國二十三年增補鉛印本。
〔註100〕《（嘉慶）補修天長縣志稿》卷六作「《律呂新書注圖便覽》」，《續文獻通考》卷一百五十八、《續通志》卷一百五十七皆作「《律呂新書分注圖纂》」。

人，字亨夫，號研齋，正德十六年進士，任刑部主事郎中），於嘉靖七年（1528）中舉人，出任太原府通判，因病致仕。據《（崇禎）開化縣志》記載，江樊「貌樸心古，博通經史，詩詞敏捷」，為官廉潔勤政，在太原任上修邊城、齎錢賑災，受到主政者的讚賞。〔註101〕

江樊著作有《荊山詩文》、《孝經明注》和《正蒙通旨》，《（天啟）衢州府志》卷十二、《（康熙）衢州府志》卷二十九、《浙江通志》、《（乾隆）開化縣志》記載江樊所著《正蒙通旨》，三書皆亡佚。

（十三）陳中州《正蒙存疑》

陳中州，字洛夫，自號依樹老人、太鶴山人、冘愓子，浙江青田人，生卒年不詳。嘉靖七年（1528）貢生，嘉靖十一年（1532）授廬江教諭，又任玉山教諭。

陳中州著有《易意》、《白鶴春秋》四卷、《五經晬盤》、《四書俗說》、《正蒙存疑》、《青田三傳》一卷、《居學餘情》三卷、《括蒼匯紀》、《冘愓子》、《太鶴山人集》十卷等書，還編修了《（嘉靖）青田縣志》，諸書皆散佚。《（康熙）青田縣志》、《（雍正）浙江通志》記載陳中州有《正蒙存疑》。

（十四）郭文煥《正蒙注釋》

郭文煥，字仲實，號實峰，福建晉江人，生卒年不詳。嘉靖二十八年（1549）入國子監讀書，嘉靖三十年（1551）以貢生身份任高安縣訓導，卒於官。明人何喬遠《閩書》記載，郭文煥自少便一心研讀儒家經典，對《四書》、《易經》、《太極圖》、《通書》、《正蒙》都做過注釋，撰著了《四書學庸口義》、《課程切問》等書。〔註102〕項喬曾經評價郭文煥稱「閩中士子，才敏學充，不為不多，獨泉士郭某是非不謬於聖人」，王慎中評價郭文煥的著作稱「義理純明，經學精到，不惟進於理而兼於文。讀之忘食，至於家人報食數四不覺也。」〔註103〕

郭文煥家族世代讀書，李清馥在《閩中理學淵源考》中為其家族專門闢列「東街郭氏世家學派」，為包括郭文煥、其族叔郭楠、其孫郭元愷等七人立傳，將郭文煥歸為明代理學家蔡清的私淑弟子。〔註104〕不過，《（乾隆）泉州府志》卷四十三、《（乾隆）晉江縣志》卷九和《（道光）晉江縣志》卷三十八的郭文

〔註101〕朱朝藩：《（崇禎）開化縣志》卷五，明崇禎刻本。

〔註102〕何喬遠：《（崇禎）閩書》卷八十三，明崇禎刻本。

〔註103〕何喬遠：《（崇禎）閩書》卷八十三，明崇禎刻本。

〔註104〕李清馥：《閩中理學淵源考》卷七十四，清文淵閣四庫全書本。

煥傳中，都稱郭文煥從學於蔡清。郭文煥族叔郭楠，字世重，正德九年（1514）
進士，從蔡清學易，與蔡烈同為蔡門高足。然而，據何喬遠記載，郭文煥曾經
受聘為蔡烈家塾的老師。〔註105〕郭文煥是從學還是私淑蔡清，難以判明。

　　《（崇禎）閩書》、《（乾隆）泉州府志》卷四十三、《閩中理學淵源考》、《（乾
隆）晉江縣志》、《（道光）晉江縣志》都有郭文煥注釋《正蒙》的記載，《（道
光）晉江縣志》卷七十和《（乾隆）泉州府志》卷七十四都著錄有郭文煥《正
蒙注釋》一書。《正蒙注釋》外，郭文煥還著有《四書注釋》、《易經注釋》、《太
極圖注釋》、《通書注釋》、《四書學庸口義》、《讀史論斷》和《課程切問》，諸
書皆亡佚。

（十五）朱得之《正蒙通義》

　　朱得之，字本思，號近齋、參元子，直隸靖江（今江蘇靖江縣）人，〔註
106〕授江西新城縣丞，嘉靖三十二年（1553）任浙江桐廬縣丞。〔註107〕據《（萬
曆）常州府志》記載，朱得之一生勇於為義、極為孝友，自幼學便能於傳注外
提出自己的見解，特別喜歡論說《中庸》，懷疑朱子格致之說，因讀《傳習錄》
而追隨問學於王陽明。〔註108〕明人毛憲也稱朱得之淡泊名利，一心閉門讀書，
多有著述，從學王陽明，深得陽明良知學之旨。〔註109〕朱得之與王陽明師徒
情誼甚篤，朱得之辭別王陽明時，王陽明專門書寫《修道說》贈送給朱得之以
鼓勵其治學修道。得聞王陽明卒於南安，朱得之「走數千里迎之，……苦盡哀。」
〔註110〕朱得之入《明儒學案》，收在卷二十五「南中王門學派一」，黃宗羲稱
其從學王陽明，是南中王門學派的著名代表之一，又稱其學術風旨「頗近於老

〔註105〕何喬遠：《（崇禎）閩書》卷八十三，明崇禎刻本。
〔註106〕《四庫全書總目》卷一百二十五、《續文獻通考》卷一百七十五皆稱朱得之為
　　　　「烏程人，一云靖江人」，明代毛憲在《毗陵人品記》卷九稱朱得之為「靖江
　　　　人」，烏程人之說恐有誤。
〔註107〕《（萬曆）續修嚴州府志》卷九、《（乾隆）桐廬縣志》卷八「嘉靖三十二年」，
　　　　《（萬曆）續修嚴州府志》卷十、《（光緒）續修嚴州府志》十二作「嘉靖三十
　　　　三年」。
〔註108〕劉廣生：《（萬曆）常州府志》卷十三，明萬曆四十六年刻本。清代張夏在《洛
　　　　閩源流錄》卷十五之「姚江一」中有轉載，清康熙二十一年黃昌衢彝敘堂刻
　　　　本。
〔註109〕毛憲：《毗陵人品記》卷九，明萬曆刻本。
〔註110〕朱彝尊：《經義考》卷一百一十四，清文淵閣四庫全書本。另，據葉滋森《（光
　　　　緒）靖江縣志》卷十四，王陽明曾以「入道最勇，可與任重致遠」稱讚朱得
　　　　之。

學」，並舉其以「不若盡滌舊聞，空洞其中，聽其有觸而覺，如此得者尤為真實」解「格物」之例加以說明。〔註111〕朱得之確實熟諳老莊之學，注解過《老子》、《莊子》和《列子》，其學「體虛靜，宗自然，最得力處在立志之真」。〔註112〕但是，黃宗羲之說未免穿鑿附會之嫌，朱得之主要還是以儒學為宗，他認為老、莊、列三子之學「出自《易》與《春秋》，……實與吾儒殊途合轍，……是固吾道之羽翼」。〔註113〕

尤時熙，字季美，號西川，河南洛陽人，從學朱得之。《明儒學案》中記錄朱得之論學語錄的《尤西川紀聞》便是尤時熙所輯錄。

朱得之著作有《四書詩經忠告》、《印古詩語》一卷、〔註114〕《蘇批孟子補》、《老子通義》二卷、《莊子通義》十卷、《列子通義》八卷、《宵練匣》十卷、《參玄三語》、《杜律闡義》、《心經注》，今存《莊子通義》十卷（明嘉靖三十九年朱氏浩然齋刊本）、《列子通義》八卷（明嘉靖四十三年朱氏浩然齋刊本）、《老子通義》二卷（明嘉靖四十四年朱氏浩然齋刊本）、《宵練匣》一卷（明慶隆王文祿輯刊本）、《印古詩語》一卷（鍾惺輯明刊本）。

《千頃堂書目》卷十一、《明史》卷一百三十五志一百九和《（光緒）嘉靖縣志》卷九都記載有「朱得之《正蒙通義》」，然已亡佚。

（十六）徐師曾《正蒙章句》

徐師曾（1517～1580），字伯魯，號魯庵，南直隸吳江（今屬江蘇）人，嘉靖三十二年（1553）進士，選為庶吉士，歷任兵科、吏科、刑科給事中，隆慶五年（1571）因病上疏請求致仕，卒於萬曆八年（1580），享年六十四歲。徐師曾七歲就外傅，十二歲能詩歌，年少時吳中子弟多有從學之，精於易學，又博通諸經及數術陰陽曆法醫卜等學。然而，徐師曾科第不順，嘉靖二十五年（1546）二十九歲時方中舉人，三十五歲始中進士。明人王世懋評價徐師曾之學，稱「先生之學，真得於敬。」〔註115〕

徐師曾一生著作豐富，所見著錄的有《周易演義》、《禮記集注》、《正蒙章句》、《世統紀年》、《湖上集》，纂輯《文體明辨》、《詠物詩編》、《臨川文粹》、

〔註111〕黃宗羲：《明儒學案》卷二十五，中華書局，1985 年版，第 585 頁。
〔註112〕葉滋森：《（光緒）靖江縣志》卷十四，清光緒五年刻本。
〔註113〕張夏：《洛閩源流錄》卷十五之「姚江一」，清康熙二十一年黃昌衢彝敘堂刻本。
〔註114〕顧夢麟《詩經說約》卷二、顧鎮《虞東學詩》卷九皆作「《印古詩語》」；《明史》卷九十六、《經義考》卷一百十四皆作「《印古詩說》」。
〔註115〕王世懋：《徐魯庵先生墓表》，《王奉常集》文部卷二十，明萬曆刻本。

《大明文鈔》、《官學見聞》、《六科士籍》、《吳江縣志》、《小學史斷》、《經絡全書》，其中今存的有《周易演義》十二年（慶隆二年董漢策刻本）、《禮記集注》三十卷（明萬曆刻本）、《湖上集》十四卷（明萬曆刻本）、《文體明辨》六十一卷（明萬曆建陽遊榕銅活字印本），他書皆亡佚。

　　《王奉常集》、《國朝獻徵錄》、《松陵文獻》、《明史》、《明文海》、《（乾隆）江南通志》、《（同治）蘇州府志》、《（嘉慶）大清一統志》、《千頃堂書目》、《古今圖書集成》中都記載了「徐師曾《正蒙章句》」，徐師曾自己更是為《正蒙章句》作序，稱他喜愛張載《正蒙》而釐定《正蒙》章句分為八卷，「考論其得失」、「與同好者共焉」，〔註116〕惜該書亦散佚。

（十七）包萬有《正蒙集解》

　　包萬有（1590～1657），字似之，號敬衡，浙江遂昌人。包萬有五歲喪母，六歲喪父，由繼母鄭氏撫養成人，其侍奉繼母至孝，崇禎十年（1637）繼母逝世包萬有依禮守孝三年。包萬有自幼聰明，十歲（1600）就外傅，十八歲（1607）補博士弟子員，屢試優列。萬曆四十三年（1607），建兌谷書院，邀友講學於中，月初講經史，月半帖試文藝時務。天啟七年（1627）入鄉闈，見主司命題諂媚逆宦，遂投筆而出，自此不復赴考。包萬有居家潛心研讀群書，經史百家、內典丹經、醫卜星相靡不淹貫。同邑吳世涵對包萬有學行人品和道德文章極為讚賞，稱「似之先生，吾邑第一學人也。高志貞操，遺世獨立，有管邴之節。經術史裁，宏通淹貫，有鄭賈之學。孝友任卹，以身化俗，有李令伯、王彥方之風。綜覈生平，學行完粹，庶幾古君子之儒。惜後裔零落，遺書散佚，無有藏棄而表章之者。」〔註117〕

　　包萬有勤於著述，《（光緒）遂昌縣志》稱包萬有與宋代王安石的弟子龔原是遂昌縣著作最多的兩位學者，然而因為未刊行或毀於戰亂，至清代光緒年間時已經散佚殆盡，導致了「今問其書，竟無人知者」的局面。〔註118〕今考史冊，包萬有著作有《五經同異》二百卷、《編年合錄》八十卷、《四禮損益》四卷、《範數贊辭》四卷、〔註119〕《史編餘言》十卷、《小學遺書》、《食貨錄》、

〔註116〕徐師曾：《湖上集》卷八，明萬曆刻本。

〔註117〕吳世涵：《宜園筆記》，轉自包家付的文章《一代文豪包萬有》，http://www.10000xing.cn/x185/2011/0218214022.html

〔註118〕胡壽濤：《（光緒）遂昌縣志》卷十，清光緒二十二年刊本。

〔註119〕《千頃堂書目》卷一作「《範數贊詞》」，而《浙江通志》卷二百四十一、《（雍正）處州府志》卷二十六、《（光緒）遂昌縣志》卷十皆作作「《四書贊辭》」。

《月旦會簿》、《書院約言》、《正蒙集解》、《唐山癭歌》、《講學劄記》、《義概》、《保甲書》、《乘庵古文》、《老莊元旨》等，諸書皆亡佚。《浙江通志》、《（光緒）處州府志》、《（光緒）遂昌縣志》皆著錄了包萬有《正蒙集解》。另，包萬有曾經參與修撰《（崇禎）處州府志》十八卷、《（順治）遂昌縣志》十卷。

三、《正蒙》明代注存世九種

明代二百七十六年，隨著理學思想在明代初期主導地位的奠定，自洪武年間朱謐的《正蒙述解》，至萬曆、崇禎年間包萬有的《正蒙集解》，《正蒙》注解著作從未中斷，其中存世《正蒙》注解著作有九家，分別是佚名《正蒙集釋》吳訥《正蒙補注》、劉璣《正蒙會稿》、余本《正蒙集解》、韓邦奇《正蒙拾遺》、呂柟《正蒙抄釋》、劉儓《正蒙解》、高攀龍《正蒙集注》和徐必達《正蒙發明》。

存世九家《正蒙》明代注中，各自具有不同特點。由於本課題選定的研究對象是九家之中的前三家，即佚名《正蒙集釋》、吳訥《正蒙補注》和劉璣《正蒙會稿》，在後面章節中對它們進行專門研究，故而我們在此僅就其他六家注及注者略作介紹。

（一）《正蒙集解》

余本（1482～1529），字子華，四明鄞縣人（浙江寧波市），因家南臨月湖，自號南湖，人稱其為南湖先生，別號守愚子。就余本生卒年，今見兩處錯誤需要指出：一卒年，雷禮《國朝列卿紀》中稱「九年卒於官」，然而在余本好友張邦奇為余本撰寫的墓誌銘中卻明確記載卒於「嘉靖己丑十二月十六日」，前者為嘉靖九年（1530），後者為嘉靖八年（1529），結合余本病逝於張邦奇官衙的事實，卒於 1529 年說當為準。〔註120〕二生年，余本墓誌銘中記載有「公生成化壬寅（1482）□月□日，得年四十有八」，成化壬寅即 1482 年，至 1592 年卒時正好四十八歲，這與《本朝分省人物考》、《甬上耆舊詩》中余本三十歲時即正德庚午舉鄉試的記載也相符合。〔註121〕然而，在今人王鴻鵬等編著《中國歷代榜眼》中卻將余本生年定為 1480 年，〔註122〕是說為誤。

據張邦奇《靡悔軒集》、雷禮《國朝列卿紀》以及胡文學《甬上耆舊詩》

〔註120〕雷禮：《國朝列卿紀》卷八十四，明萬曆徐鑒刻本。張邦奇：《靡悔軒集》卷八，明刻本。

〔註121〕過庭訓：《本朝分省人物考》卷四十八，明天啟刻本。胡文學：《甬上耆舊詩》卷十二，清文淵閣四庫全書本。

〔註122〕王鴻鵬等編著：《中國歷代榜眼》，解放軍出版社，2003 年版，第 210 頁。

都對余本為官的經歷有記載。余本三十歲參加鄉試，取第一名。第二年即正德六年（1511）進士及第，廷對擢為榜眼，授官翰林院編修。正德十三年（1518）任廣東按察司提學副使。嘉靖元年（1522）擢任山東按察司提學副使，因御史彈劾，未赴任。嘉靖四年（1525）復山東按察司提學副使，這是雷禮在《國朝列卿紀》中的記載，另有嘉靖六年（1527）之說。〔註123〕嘉靖七年（1528）升南京通政司右通政。嘉靖八年（1529）卒於官。

余本出生於官宦之家，曾祖余煙曾經做過南安府同知。余本年少不事科舉，張邦奇稱余本「於書無所不讀，……禮樂、天文、陰陽、律呂皆研窮其數」，〔註124〕終日讀五經四書及史傳，又能通解天文、地理、鍾律、象數類書籍，治學之精「若有神授之者」，以至於「里中諸生多執經其門，人俱以余夫子稱之」。〔註125〕余本對許多經典都有注疏，《（雍正）寧波府志》稱其「於張子《正蒙》尤深妙契」。〔註126〕余本博學，於其著作也可見一斑。余本著有《易經集解》、《皇極釋義》、《禮記拾遺》、《周禮考誤》、《春秋傳疑》、《孝經集注》、《家禮考異》、《律呂新書解》、《綱目備忘》、《皇極經世觀物外篇釋義》、《南湖文錄》等書，其中存世者僅有《皇極經世觀物外篇釋義》四卷。

胡文學在《甬上耆舊詩》中稱余本平生之學得於師友者甚。余本少年時曾經從學於同邑儒者倪復（前文已介紹，著有《正蒙發微》），〔註127〕並且盡傳其學。余本後又曾從學同邑御史張昺，以張公臨終遺言「善努力。方今人才肯自重者少。若能樹立一日，即為國家扶正氣一日也」自勉。在郡學，不與俗儒為務，獨與聞淵和汪玉為善。再後來，余本又與張邦奇、王應鵬為友。嘉靖八年余本在張邦奇府衙做客間，聞汪玉訃訊，痛哭悲憤而亡。〔註128〕其中余本和汪玉、莊淵、張邦奇四人，被時人尊稱為「甬上四君子」。〔註129〕正德十六

〔註123〕張邦奇：《靡悔軒集》卷八，明刻本。曹秉仁：《（雍正）寧波府志》卷二十五，清雍正十一年刻乾隆六年補刻本。

〔註124〕張邦奇：《靡悔軒集》卷八，明刻本。

〔註125〕胡文學：《甬上耆舊詩》卷十二，清文淵閣四庫全書本。

〔註126〕曹秉仁：《（雍正）寧波府志》卷二十五，清雍正十一年刻乾隆六年補刻本。

〔註127〕《（雍正）寧波府志》卷二十五稱倪復「善引名士，通政余本其一也」。《續文獻通考》卷一百七十七載倪復《易繫辭解》，其後的注釋稱「余本嘗師之」。《千頃堂書目》卷二，稱倪復為「余本師也」。

〔註128〕張邦奇：《靡悔軒集》卷八，明刻本。

〔註129〕胡文學：《甬上耆舊詩》卷十三，清文淵閣四庫全書本。萬斯同：《明史》卷二百八十五列傳一百三十六，清抄本。

年（1521），余本回家丁憂，至其起復山東提學副使前的數年間，余本曾經在家授徒講學。〔註130〕

《皇極經世觀物外篇釋義・杜思序》、《甬上耆舊詩》卷十二、《千頃堂書目》卷十一、《經義考》卷二百七十一、《明史》卷一百三十五、《（乾隆）鄞縣志》卷二十一、《（嘉靖）寧波府志》卷二十一等皆稱余本著有《正蒙集解》九卷，今未見單行本。王植認為《新刊性理大全》之《正蒙》注文中的「集解」為「明正德間，四明余本子華甫著」。〔註131〕明代王儔在《正蒙解》中引用「余氏曰」三十七處，將之與嘉靖十七年本《新刊性理大全》中的對象內容相比較後，發現內容一致。故而，我們可以斷定《新刊性理大全》所收《正蒙》「集解」即出自余本的《正蒙集解》，我們將其中輯錄出，共二百七十九章，聊補單行本《正蒙集解》亡佚之憾，可資余本《正蒙》注研究。

（二）韓邦奇《正蒙拾遺》

韓邦奇（1479～1555），字汝節，號苑洛，陝西朝邑人。正德三年（1508）進士，歷任吏部考功主事、吏部員外郎、平陽通判、浙江按察僉事、山東參議、山西左參政、四川提學副使、右春坊右庶子、翰林院修撰、南京太僕寺丞、山東按察副使、大理左少卿、左僉都御史、佐院事、巡撫山西、總理河道、刑部右侍郎、吏部右侍郎、南京都察院右都御使、南京兵部尚書。嘉靖二十八年（1551），南京兵部尚書致仕。嘉靖三十四年（1555）十二月，陝西關中發生地震，韓邦奇遇難，卒年七十七。朝廷卒賜祭葬，賜太子太保，諡恭簡。韓邦奇著作豐富，有《毛詩未喻》、《書說》、《洪範圖解》、《禹貢詳略》、《周禮義疏》、《易學啟蒙意見》、《易占經緯》、《卦爻要圖》、《易林推用》、《易說》、《樂律舉要》、《律呂直解》、《苑洛語錄》、《苑洛集》、《苑洛志樂》、《大同記事》、《正蒙解結》和《正蒙拾遺》，其中存世的有《樂律舉要》、《律呂直解》、《苑洛語錄》、《苑洛集》、《洪範圖解》、《易學啟蒙意見》和《正蒙拾遺》。

韓邦奇曾經於明弘治年間著有《正蒙解結》，後來看到劉機的《正蒙會稿》，故將《正蒙解結》焚燒。韓邦奇《正蒙會稿・序》中稱「弘治中，余嘗著《正蒙解結》，大抵先其難者。繼見蘭江章式之之《發微》，大抵詳於易者。及見先生《會稿》，則難易兼舉詳而不遺矣。於是，取《解結》而焚之。」〔註132〕樊

〔註130〕錢維喬：《（乾隆）鄞縣志》卷十五，清乾隆五十三年刻本。
〔註131〕王植：《正蒙初義・臆說》，清文淵閣四庫全書本。
〔註132〕韓邦奇：《正蒙會稿・序》，載劉機《正蒙會稿》，明正德十五年刻本。

得仁《性理三解序》載「弘治中，先生著《正蒙解結》釋其難，闌（蘭）江章先生著《正蒙發微》，詳於易。先生欲合為一書。繼見近山劉先生《會稿》，曰『難易兼舉矣，取《解結》而焚之。』」〔註133〕

《正蒙拾遺》一卷，其著錄情況為：明晁瑮《晁氏寶文堂書目》、明焦竑《國朝獻徵錄》、明施沛《南京都察院志》、明吳瑞登《兩朝憲章錄》、《（雍正）陝西通志》、清談遷《國榷》，皆言及《正蒙拾遺》。

《性理三解》的著錄情況中，卷數有六、七、八、九之異，而根據明祁承爌《澹生堂藏書目》中「《性理三解》六卷，四冊，韓邦奇：《正蒙拾遺》一、《啟蒙意見》四、《洪範圖解》一」和「《正蒙拾遺》一卷，一冊，韓邦奇」的著錄，〔註134〕以及清萬斯同《明史》和清黃虞稷《千頃堂書目》「韓邦奇《性理三解》八卷，又《正蒙拾遺》一卷」的記載，〔註135〕可知歷史上曾存在單行本《正蒙拾遺》和《性理三解》本《正蒙拾遺》，即《（萬曆）續朝邑縣志》所言的「《正蒙拾遺》一卷，《啟蒙意見》一卷，《洪範圖解》一卷，後總名《性理三解》。」〔註136〕今見《正蒙拾遺》版本有：嘉慶七年《性理三解》本和道光十六年本。

劉世綸《讀正蒙拾遺篇》作於「正德戊寅」，即明正德十三年（1518），劉所見《正蒙拾遺》當是單行本。樊得仁將《正蒙拾遺》、《啟蒙意見》和《洪範圖解》合刻，其《性理三解序》作於「嘉靖壬寅」，即明嘉靖二十一年（1542）。根據樊得仁所言「正德以來，世儒附注於《正蒙》者複數家。後先生乃以張子之大旨未白，一二策尚欠詳明，於是作《拾遺》」、〔註137〕「《拾遺》刻之於山東，《意見》刻之於宣府平陽，《圖解》刻之於朝邑」，〔註138〕《啟蒙意見原序》「弘治十六年仲春，苑洛人韓邦奇書」，〔註139〕即1503年（韓邦奇時年24歲）。《跋啟蒙意見後》「正德甲戌孟春既望，平陽府同知古檀李滄書」，〔註140〕即明正德九年（1514）。《跋啟蒙意見後》「嘉靖十三年歲次甲午冬十月甲辰日，濮陽蘇佑謹跋」，〔註141〕即明嘉靖十三年（1534）。

〔註133〕韓邦奇：《正蒙會稿·序》，載劉璣《正蒙會稿》，明正德十五年刻本。
〔註134〕祁承爌：《澹生堂藏書目》，清宋氏漫堂抄本。
〔註135〕黃虞稷：《千頃堂書目》卷十一，清文淵閣四庫全書本。
〔註136〕郭實：《（萬曆）續朝邑縣志》卷八，清康熙五十一年刻本。
〔註137〕韓邦奇：《性理三解》，清嘉慶七年本。
〔註138〕韓邦奇：《性理三解》，清嘉慶七年本。
〔註139〕韓邦奇：《啟蒙意見》，清文淵閣四庫全書本。
〔註140〕韓邦奇：《啟蒙意見》，清文淵閣四庫全書本。
〔註141〕韓邦奇：《啟蒙意見》，清文淵閣四庫全書本。

正德十一年十一月，韓邦奇因為上書彈劾宦官王堂而被下獄，遂又貶謫為民，回到陝西家鄉後他開始公開進行收徒講學。據此，再結合劉世綸作於正德十三年的《讀正蒙拾遺篇》，我們推測《正蒙拾遺》當撰著於正德十二年至正德十三年。後來，正德十六年，韓邦奇起復任山東布政司右參議，嘉靖二年，韓邦奇擔任山西副使，韓邦奇在山東任官兩歲，即1521年至1523年。在山東的兩年中，《正蒙拾遺》正式刊刻。另，嘉靖八年、九年、十年，韓邦奇又先後任山東按察司副使、河南按察司副使，《正蒙拾遺》也有可能刊刻於此次山東任上，即嘉靖八年或九年。

（三）呂柟《正蒙抄釋》

呂柟（1479～1542），字大棟，後改字仲木，號涇野，學者稱涇野先生，陝西高陵人，師事薛敬之。正德三年（1508）進士，歷任翰林修撰、史館纂修、山西解州判官、南京吏部考功郎中、尚寶司卿、南京太常寺少卿、國子監祭酒、南京禮部侍郎，一生講學不輟，與王陽明齊名，著述有：《周易說翼》、《尚書說要》、《毛詩說序》、《禮問內外篇》、《春秋說志》、《四書因問》、《史約》、《小學釋》、《宋四子抄釋》、《寒暑經圖解》、《史館獻納》、《南省秦稿》、《涇野先生文集》、《涇野子內篇》、《涇野集》等。

呂柟摘抄周敦頤、張載、二程和朱熹的著作並加以解釋而成《宋四子抄釋》，《宋四子抄釋》在以下著作中有記載：明馮從吾《少墟集》和《關學編》、明李贄《續藏書》、明王九思《渼陂集》、明李開先《李中麓閒居集》、明雷禮《國朝列卿紀》、明焦竑《熙朝名臣實錄》、明王兆雲《皇明詞林人物考》、明徐咸《皇明名臣言行錄》、明薛應旗《方山先生文錄》、明張萱《西園聞見錄》、清查繼佐《罪惟錄》、清陸隴其《三魚堂日記》、清沈佳《明儒言行錄》、《（雍正）陝西通志》、清孫奇逢《理學宗傳》、清張岱《石匱書》、清張廷玉《明史》、清朱彝尊《經義考》、清張夏《雒閩源流錄》。

另外，《張子抄釋》有單獨著錄的現象：明盛儀《（嘉靖）惟揚志》載葛潤刊本《張子抄釋》、清嵇璜《續文獻通考》稱《張子抄釋》六卷、清丁仁《八千卷樓書目》記惜陰軒本《張子抄釋》六卷、清陸隴其《三魚堂日記》提及《張子抄釋》、清王太嶽《四庫全書考證》辨正了《四庫全書》本《張子抄釋》四處刊誤。

《張子抄釋》六卷，其中卷一、卷二為《正蒙抄釋》。《宋四子抄釋》版本有：明嘉靖五年（1526）解梁書院刻本，有《橫渠張子釋》；明嘉靖八年（1529）

江都葛潤刻本，有《橫渠張子釋》，此本於嘉靖四十四年（1565）重刻；明嘉靖十六年（1537）汪克儉刻本，有《橫渠張子抄釋》；《文淵閣四庫全書》本，有《張子抄釋》；清道光惜陰軒本，收有《張子抄釋》。

呂柟作於嘉靖十五年（1536）的《宋四子抄釋》「自序」稱「予謫判解州時，嘗抄釋周、程、張三子書，解士丘東魯、王光祖乃校正而刻之解梁書院。」〔註142〕可見，《張子抄釋》是他被貶為山西解州判官時所作。另據《張子抄釋》呂柟「自序」的落款「嘉靖五年三月辛丑後學高陵呂柟序」〔註143〕推知，包含《正蒙抄釋》的《張子抄釋》當作於嘉靖五年（1526）。

（四）劉儗《正蒙解》

劉儗，字伯高，別號龍峰。浙江壽昌人六都勞村人，博覽群書，「婺人稱其為劉書櫥」。〔註144〕嘉靖十一年（1532年）拔貢入太學，二十三年（1534年）任南雄府推官，後遷吉安通判。據孫詒讓《溫州經籍志》載，劉儗曾經編定《項氏甌東政錄》和《項氏甌東私錄》。〔註145〕

《壽昌縣志》和《浙江通志》皆稱劉儗著有《正蒙解》。今存《新刊正蒙解》四卷，前有劉儗自作的「敘正蒙解」，時間是「嘉靖己巳春二月朔」，即明嘉靖二十四年（1545），後有譚大初作的「正蒙解後跋」，時間是「嘉靖丙午夏」，即明嘉靖二十五年（1546）。

（五）高攀龍《正蒙集注》

高攀龍（1562～1626），初字雲從，改字存之，別號景逸，南直隸無錫（今屬江蘇）人。萬曆十七年（1589）進士，歷任行人司行人、廣東揭陽縣典史、光祿寺少卿，後因彈劾魏忠賢而削籍為民。天啟六年（1626）因錦衣衛追捕東林黨人，高攀龍赴水而死。

高攀龍的著作有：《周易易簡說》、《周易孔義》、《春秋孔義》、《春秋集注》、《毛詩集注》、《古本大學》、《四子要書》、《正蒙集注》、《二程節錄》、《朱子節要》、《東林講義劄記就正錄》、《同善會錄》、《邵文莊公年譜》、《高氏家譜》、《疏稿揭議》、《水居詩稿》、《高子遺書》、《高子別集》、《困學記》、《三時記》、《武林遊記》等。

〔註142〕呂柟：《張子抄釋·總序》，惜陰軒叢書本。
〔註143〕呂柟：《張子抄釋·原序》，清文淵閣四庫全書本。
〔註144〕曾華蓋：《新修壽昌縣志》卷八，清康熙刻本。
〔註145〕孫詒讓：《溫州經籍志》卷九史部、卷十五子部，民國十年刻本。

《正蒙釋》的「四庫提要」中葉向高稱徐必達對高攀龍《正蒙集注》作了「同者去之，異者存之，異而此失彼得者去之，短長互見者存之」的整理，故而四庫館臣認為《正蒙釋》為「必達所自定，非攀龍之本」。〔註146〕四庫館臣所言為的，高攀龍弟子華允誠所撰《高忠憲公年譜》載「三十一年癸卯，四十二歲，注張子正蒙完。」〔註147〕不過，《正蒙集注》單行本已佚。萬曆刻本《正蒙釋》卷首有顧允成（1554年～1607年）撰寫的「題《正蒙釋》後」，其中稱「朱子曰：『解書不可將大話說，不可將小巧說。』讀高存之《正蒙集注》及徐德夫《發明》，平正通達，可謂無二者之病矣。」〔註148〕可知萬曆刻本《正蒙釋》為最早合刻本，其中收錄高攀龍《正蒙集注》。另，《正蒙釋》清初平江蔡方炳刻本。

（六）徐必達《正蒙發明》

徐必達（1562～1631），字德夫，號玄丈，室名南州書舍，浙江秀水（今嘉興）人。萬曆二十年（1592）進士。授太湖知縣，補溧水縣，累仕至右僉都御史，官至南京兵部侍郎。善詩文，邃於理學，凡《卦氣》、《正蒙》、《皇極經世》諸書，無不精詣。著有《正蒙發明》四卷、《南州詩說》八卷、《南州集》、《南京都察院志》四十卷、《光祿寺志》二十卷等，編訂《豫章全書》一百一十四卷、《元經訂注》五卷等。萬曆二十五年（1597）刊有宋朱熹《二程遺書》二十五卷、宋周敦頤《周子全書》七卷，萬曆三十四年（1606）刊印宋邵雍《邵子全書》二十四卷、宋張載《張子全書》十四卷、《補》一卷。

如高攀龍《正蒙集注》，徐必達《正蒙發明》也未見單行本。《正蒙發明》今見於《正蒙釋》明萬曆刻本和清初平江蔡氏方炳刻本中。

四、《新刊性理大全》所收《正蒙》注

張載精於造道，《正蒙》所蘊含的哲學思想又涉及《周易》、《論語》、《孟子》以及佛道二家等多個方面，故而朱熹以「精深難窺測」形容《正蒙》難於理解也是有一定道理的。〔註149〕明代學者也多感歎《正蒙》不易讀懂，故而出現了多家注解著作，其中便包括我們從《新刊性理大全》中輯錄出的《正蒙

〔註146〕永瑢等：《四庫全書總目》（上冊），卷九五子部五，中華書局，1965年版，第802頁。

〔註147〕高世寧：《高忠憲公年譜》卷上，清康熙間刻本。

〔註148〕顧允成：《題〈正蒙釋〉後》，《正蒙釋》，明萬曆刻本。

〔註149〕王植：《正蒙初義‧序論》，清文淵閣四庫全書本。

集釋》、《正蒙補注》和《正蒙集解》三種《正蒙》注。

（一）《性理大全》的編纂與《正蒙》

明初興文教，繼承元朝遺緒，將自孔孟至程朱的儒家思想確立為官學，明太祖朱元璋要求全國的學校都必須「一宗朱子之學，令學者非五經、孔孟之書不讀，非濂、洛、關、閩之學不講。」〔註150〕規定科舉取士中對先秦儒家經典的解釋都要以宋儒注解為準，不遵循者將不予錄取，宋儒理學著作成為天下學子研讀的經典。明成祖朱棣延續太祖重視文教的傳統，於永樂十二年（1414）十一月下詔命胡廣等大臣組織學者纂修了以宋代儒者注疏為主的《五經大全》和《四書大全》，以及匯輯宋代儒者的理學著作和語錄的《性理大全》，三部「大全」共二百六十卷，於永樂十三年（1415）九月修成，並陸續頒行於全國，在總結程朱為主的理學基礎上，確立了理學作為國家意識形態的統治地位。

《性理大全》編纂於《五經大全》和《四書大全》之後，具體修成的時間是永樂十三年九月，永樂皇帝於該年十月親自為該書寫了序，欽定了程朱理學的崇高地位。此處，我們所講的程朱理學是指以程朱為代表的宋代儒學，其中包括張載之學在內。其實，南宋理宗淳祐元年（1241）就曾昭告天下，稱「我朝周敦頤、張載、程顥、程頤，真見實踐，深探聖域，千載絕學，始有指歸。中興以來，又得朱熹精思明辨，表裏混融，使《大學》、《論》、《孟》、《中庸》之書本末洞徹，孔子之道益以大明於世。朕每觀五臣論著，啟沃良多，今視學有日，其令學官，列諸從祀，以示崇獎之意。」〔註151〕當時，人們將周張程朱歸於儒家先賢，將他們略有差異的學術思想歸入理學。前文我們曾經提及南宋學者熊節編纂的《性理群書》，該書便匯輯了周敦頤、張載、程顥、程頤、朱熹等人的著作。明代學者傚仿《性理群書》，編纂《性理大全》七十卷，其中也輯錄他們的專書和語錄，其中張載位列周敦頤之後，卷五和卷六即是《正蒙》。隨著永樂皇帝將《性理大全》賜予天下縣學，以及將其歸入科舉考試內容的舉措，《正蒙》為天下學子所研讀，也得以更為廣泛地傳播。

（二）《新刊性理大全》的版本與所收《正蒙》注

《性理大全》在明代曾經被頻繁刊刻，既有政府主持的內府刻本和官刻本，也有民間自發的私刻本和坊刻本，其中有一些比較有特色的刻本，《新刊

〔註150〕華允誠：《高攀龍傳》，載陳鼎《東林列傳》卷二，清文淵閣四庫全書本。
〔註151〕脫脫等：《宋史》卷四十二，中華書局，1977 年版，第 821 頁。

性理大全》便是其中之一。

　　《新刊性理大全》可以說是《性理大全》的另外一個系統，同時它自己又稱得上是一個版本系列，因為其包含多達十六種刊刻本。十六種版本中，大多數名字為「新刊性理大全」，少部分則加上了「憲臺考正」、「憲臺釐正」等以給出更多版本信息，其中尤其以上海圖書館藏萬曆三十一年（1603）吳勉學刻本《新刻九我李太史校正大方性理全書》為代表，書名不僅多出了校正者名字且將「性理大全」改成了意思相似的「大方性理全書」。雖然十六種版本間名稱略有不同，但是它們所包含的內容則是相同的，故而它們都屬《新刊性理大全》版本系列。

　　《新刊性理大全》版本系列十六種有：1. 嘉靖十七年（1538）黃氏集義堂刻本《新刊性理大全》七十卷（遼寧省圖書館藏），2. 嘉靖二十六年（1547）鄭氏宗文堂刻本《新刊性理大全》七十卷（北京圖書館藏），3. 嘉靖二十七年（1548）王氏新三槐刻本《新刊性理大全》七十卷（清華大學圖書館藏），4. 嘉靖三十一年（1552）雙桂書堂刻本《新刊性理大全》七十卷（浙江圖書館藏），5. 嘉靖三十一年（1552）葉氏廣勤堂刻本《新刊性理大全書》七十卷（湖北省圖書館藏），6. 嘉靖三十一年（1552）余氏自新齋刻本《新刊憲臺釐正性理大全》七十卷（中共北京市委黨校藏），7. 嘉靖三十二年（1553）熊氏一峰堂刻本《新刊性理大全》七十卷（鎮江市博物館藏），8. 嘉靖三十五年（1556）張氏新賢堂刻本《新刊性理大全》七十卷（江西師範大學圖書館藏），9. 嘉靖三十九年（1560）進賢堂重刊本《新刊性理大全》七十卷（東京大學東洋文化研究所藏），10. 隆慶二年（1568）張氏靜山齋刻本（安徽大學圖書館藏），11. 萬曆十四年（1586）徐元太等刻本《新刊憲臺考正性理大全》七十卷（湖北省圖書館藏），12. 萬曆三十一年（1603）吳勉學刻本《新刻九我李太史校正大方性理全書》（上海圖書館藏），13. 萬曆三十六年（1608）建邑書林安正堂劉蓮臺刻本《新刊性理大全》七十卷（北京大學圖書館藏），14. 明刻本發祥堂板《新刊京木性理大全書》七十卷（北京大學圖書館藏），15. 明吳勉學刻本《新刊京木性理大全書》七十卷（北京大學圖書館藏），16. 明刻本《新刊性理大全》七十卷（內蒙古自治區圖書館藏）。

　　《新刊性理大全》十六種版本中，以嘉靖十七年（1538）黃氏集義堂刻本為最早。但是，在此之前，歷史上還出現收錄有《正蒙》三注的其他《新刊性理大全》版本。韓邦奇在其撰著於正德十二年（1517）或十三年（1518）的《正

蒙拾遺》中三次提到《大全》所收《正蒙》三家注，其所見《大全》亦應當屬《新刊性理大全》版本系列。故而，我們推測在正德十二年或十三年前，已經有收錄《正蒙》三家注的《性理大全》了。

就內容而言，永樂十三年《性理大全》中《正蒙》章句後只附有朱熹注解文字，而沒有《新刊性理大全》中《正蒙》章句後大量的「集釋」、「補注」和「集解」。韓邦奇多次提到的「《大全》三注」、「三注」和「《性理大全》三注」，〔註152〕指的即是《新刊性理大全》中附於《正蒙》正文之後的「集釋」、「補注」和「集解」。王植曾經在《正蒙初義‧臆說》中提及過此三種《正蒙》注，他稱「考《正蒙》注，《大全》所收《集釋》、《補注》、《集解》外，嘗得數家焉。」〔註153〕所以，我們根據《新刊性理大全》中附於《正蒙》正文之後的「集釋」、「補注」與「集解」，可以輯成《正蒙集釋》、《正蒙補注》和《正蒙集解》三書。後來的《性理大全》類著作與《正蒙》注解著作，如鍾人傑的《性理會通》、劉儓《正蒙解》、高攀龍《正蒙集注》、王植《正蒙初義》等，對《新刊性理大全》中的三家注多有引用和繼承。

據以上論述，自下章起，我們將按照時間先後順序，對佚名《正蒙集釋》、吳訥《正蒙補注》和劉璣《正蒙會稿》三家存世《正蒙》明代注逐一展開論述。在詳細考察各家注者、注本情況的基礎上，主要運用哲學分析的方法，圍繞太虛、氣等《正蒙》核心感念範疇探討各個注本的哲學思想，進而揭示《正蒙》明代三家注的各自特徵及影響。

〔註152〕 韓邦奇：《正蒙拾遺》，清嘉慶七年本。
〔註153〕 王植：《正蒙初義‧臆說》，清文淵閣四庫全書本。

第三章　太虛是太極——《正蒙集釋》

　　《正蒙集釋》是根據《新刊性理大全》中附於《正蒙》正文的「集釋」輯錄而成，王植在《正蒙初義·臆說》中說《正蒙集釋》的纂述者不詳，[註1]其作者確實無從考索。其中，《正蒙集釋》不是獨立的專門著作，當是重要原因之一。《新刊性理大全》共七十卷，張載《正蒙》只佔有兩卷，在其他卷所收著作如《通書》的正文之後我們也發現有「集釋」，加之於史冊方志中未曾見到有關《正蒙集釋》的記載，因此我們推斷歷史上曾出現過《性理大全集釋》類的書籍，而沒有人專門撰著《正蒙集釋》一書。這是很普遍的學術現象，比如宋代熊剛大的《正蒙句解》也是從《性理群書句解》中輯錄出的。

　　《正蒙》共有五百一十二章，[註2]而《新刊性理大全》中《正蒙》多達四百三十章後面都有「集釋」，對《正蒙》重要內容都有注釋。我們將其輯錄出，命名為《正蒙集釋》，進而以此為基礎文獻探討它對《正蒙》重要哲學思想的解讀，以求確定它在《正蒙》明代注解史上的地位。

第一節　「太極」諸解

一、以氣解太極

　　太極一詞可以溯源於《周易》，《周易》中講太極，只有「《易》有太極，

〔註1〕王植：《正蒙初義·臆說》，清文淵閣四庫全書本。
〔註2〕就《正蒙》的章數，歷代傳世諸本裏略有差異，在此我們取《正蒙合校集釋》五百一十二章的分法。（林樂昌：《正蒙合校集釋·例言》）（上），中華書局，2012年版，第4頁。

是生兩儀，兩儀生四象，四象生八卦，八卦定吉凶」〔註3〕一句，並且未曾解釋太極。漢唐時期對太極的解讀有兩種解釋向度，一是宇宙本體論向度，一是宇宙生成論向度。魏晉時期，王弼從本體論的高度解讀《周易》的太極，稱「夫有必始於無，故太極生兩儀也。太極者，無稱之稱，不可得而名，取有之所極，況之太極者也。」〔註4〕雖然王弼沒有明確界定太極的涵義，但是從「有必生於無」、「無稱之稱，不可得而名」來看，其明顯受到道家思想的影響，在很大程度上是將《周易》太極與道家的形上之本體相比附。隋唐經學在解讀《周易》太極時，多有沿襲王弼以無解太極的傳統。同時，繼承漢代以氣解太極思想的學者也大有人在，孔穎達在《周易注疏》中便稱「太極謂天地未分之前，元氣混而為一，即是太初、太一也。故《老子》云：『道生一。』即此太極是也。又謂混元既分，即有天地，故曰『太極生兩儀』，即《老子》云『一生二』也。」〔註5〕孔氏發揮王弼以道家思想解讀太極，明言太極即是老子的「道生一」。不過，孔氏的解釋與王弼的有本質區別，他說太極是「元氣混而為一」、「混氣」，顯然是受漢代氣化生成論思想的影響更大，而王弼所理解的太極則更接近宇宙本體論視域下的道家之道與無，孔氏對《周易》「易有太極，是生兩儀」的解讀遵循的是漢代鄭玄、馬融等的宇宙發生論詮釋模式。

　　宋代新儒家興起，對太極的解讀既有繼承又有突破性轉變。周敦頤作《太極圖說》，首倡「無極而太極」，稱「無極而太極。太極動而生陽，動極而靜，靜而生陰，靜極復動。一動一靜，互為其根。分陰分陽，兩儀立焉。陽變陰合，而生水火木金土。五氣順布，四時行焉。五行一陰陽也，陰陽一太極也，太極本無極也。五行之生也，各一其性。無極之真，二五之精，妙合而凝。乾道成男，坤道成女。二氣交感，化生萬物。萬物生生而變化無窮焉。惟人也得其秀而最靈。形既生矣，神發知矣。五性感動而善惡分，萬事出矣。聖人定之以中正仁義而主靜，立人極焉。」〔註6〕太極於周敦頤《太極圖說》四見、《通書》則僅兩見，統而觀之其並未明確太極的涵義。不過，至於周敦頤的思想，有兩點是確鑿無疑的：一、在太極與無極的關係問題上，「太極本無極」、「無極之真」等用語容易引發在太極之上還有一無極存在的思考，這很可能是周敦頤太

〔註3〕周振甫譯注：《周易譯注‧繫辭上》，中華書局，1991年版，第248頁。

〔註4〕王弼：《周易注》卷七，《王弼集校釋》，中華書局，1980年版，第553頁。

〔註5〕孔穎達：《周易注疏》，李學勤主編《十三經注疏‧周易正義》，北京大學出版社，1999年版，第289頁。

〔註6〕周敦頤：《太極圖說》卷一，《周敦頤集》，中華書局，1990年版，第3～6頁。

極思想未曾盡棄漢代氣化論解釋模式的表徵；二、周敦頤通過「聖人定之以中正仁義而主靜」，將太極所代表的天道與聖人所代表的人道相關聯，開創了北宋天道與人道相貫通的思想傳統，同時這也是太極人性化的肇始。

　　然而，周敦頤同時代的學者不乏依然堅持以元氣解釋太極者，如胡瑗、邵雍等。胡瑗將《周易》「易有太極，是生兩儀」解釋為「太極者，是天地未判、混元未分之時，故曰太極。言太極既分，陰陽之氣輕而清者為天，重而濁者為地，是太極既分，遂生為天地，謂之兩儀。」〔註7〕可見胡瑗認為太極分判為陰陽二氣而成天地，未分之時便是混元一氣。邵雍在《皇極經世書》中既講「一氣分而陰陽判，得陽之多者為天，得陰之多者為地。是故陰陽半而形質具焉，陰陽偏而性情分焉。形質又分，則多陽者為剛也，多陰者為柔也，性情又分，則多陽者陽之極也，多陰者陰之極也。」〔註8〕又講「太極既分，兩儀立矣。陽下交於陰，陰上交於陽，四象生矣。陽交於陰，陰交於陽，而生天之四象；剛交於柔，柔交於剛，而生地之四象，於是八卦成矣。」〔註9〕根據其中的「一氣分而陰陽判」與「太極既分，兩儀立矣」，可知邵雍將太極理解為元氣。司馬光也以混一之氣解釋太極，並將其歸為萬化的本原，他說「凡物之未分，混而為一者，皆為太極。兩儀，儀，匹也，分而為二，相為匹敵。四象，陰陽復分老少而為二相為匹敵。大業富有，萬象太極者何？陰陽混一，化之本原也。」〔註10〕

二、以理解太極

　　其實，宋代理學家解讀太極時，多從儒家道統的立場出發，努力摒棄道家色彩，將天道與人道相貫通，解釋出太極所蘊含的本體論思想的同時，也揭示了其在工夫論層面的發用。周敦頤的太極雖然具有宇宙生成論的痕跡，但是經過程朱的詮釋就變成了理學化的太極了，即將太極理學化了。朱熹是宋代理學的集大成者，其對太極也有集大成式解讀。

　　朱熹為周敦頤的《太極圖說》作注解，著成《太極圖說解》一書，稱「非太極之外，復有無極也。……太極，形而上之道也；陰陽，形而下之器也。……

〔註7〕胡瑗：《周易口義·繫辭上》卷一，清文淵閣四庫全書本。

〔註8〕邵雍：《皇極經世書·觀物外篇》，《邵雍集》，中華書局，2010 年版，第 109 頁。

〔註9〕邵雍：《皇極經世書·觀物外篇》，《邵雍集》，中華書局，2010 年版，第 109 頁。

〔註10〕司馬光：《文公易說》卷五，清武英殿聚珍版叢書本。

至其所以為陰陽者，則又無適而非太極之本然也，夫豈有所虧欠間隔哉！……無極之妙，亦未嘗不各具於一物之中也。……各一其性，則渾然太極之全體，無不各具於一物之中，而性之無所不在，又可見矣。……自男女而觀之，則男女各一其性，而男女一太極也；自萬物而觀之，則萬物各一其性，而萬物一太極也。蓋合而言之，萬物統體一太極也；分而言之，一物各具一太極也。……聖人，太極之全體。……陰陽成象，天道之所以立也；剛柔成質，地道之所以立也；仁義成德，人道之所以立也。道一而已，隨事著見，故有三才之別，而於其中又各有體用之分焉，其實則一太極也。」〔註11〕朱熹認為：首先，太極之外沒有獨立的無極，無極與太極並不是二分，無極只不過是對太極至上性的描述、解釋；其次，《周易》中有言「形而上者謂之道，形而下者謂之器」，太極便是形而上之道，陰陽是形而下之器，並且太極是「所以為陰陽者」的邏輯根據；再次，太極與萬物的關係是一殊關係，即太極遍在萬物，萬物各具太極，「合而言之，萬物統體一太極也；分而言之，一物各具一太極也」；最後，落實到人道層面，聖人是太極全體的代表，而使得三才之一的人道以成立的仁義德性也最終歸根於太極。很顯然，朱熹在此直接以天理詮釋太極，以理與氣關係、天理與萬物關係解讀太極與陰陽、萬物、人道的關係，太極就是理。所以，其在《周易本義》中解釋「易有太極，是生兩儀」時所言的「易者陰陽之變，太極者其理也。」〔註12〕在《朱子語類》中既講「太極只是天地萬物之理。在天地言，則天地中有太極；在萬物言，則萬物中各有太極。」〔註13〕又稱「太極非是別為一物，即陰陽而在陰陽，即五行而在五行，即萬物而在萬物，只是一個理而已。因其極至，故名曰太極。」〔註14〕另外，朱熹還曾稱「一片底便是分做兩片底，兩片底便是分作五片底。做這萬物、四時、五行，只是從那太極中來。太極只是一個氣，迤邐分做兩個：氣裏面動底是陽，靜底是陰。又分做五氣，又散為萬物。」〔註15〕「太極只是一個氣」與他的太極即是理的觀點是否相左呢？我們認為不然，太極是氣很明顯是從宇宙生成論的角度立論的，

〔註11〕朱熹：《太極圖說解》，《朱子全書》第十三冊，上海古籍出版社、安徽教育出版社，2002年版，第72～76頁。

〔註12〕朱熹：《周易本義》，《朱子全書》第一冊，上海古籍出版社、安徽教育出版社，2002年版，第133頁。

〔註13〕黎靖德編：《朱子語類》卷第一，中華書局，1986年版，第1頁。

〔註14〕黎靖德編：《朱子語類》卷第九十四，中華書局，1986年版，第2371頁。

〔註15〕黎靖德編：《朱子語類》卷第三，中華書局，1986年版，第41頁。

太極為理則是從宇宙本體論的視野展開的，這表明朱熹也受到漢代以來以氣解釋太極傳統的影響，亦即他同樣面臨宇宙萬物自何化生而來的問題。不過，朱熹對太極觀的核心和創新性是以天理解太極。

朱熹以天理解釋太極，在當時便遭到了諸多批評，其中即有「不當以太極陰陽分道器，……不當言一物各具一太極」〔註16〕等內容，另史冊記載，就無極太極問題朱熹先後與程可久、林栗、洪邁、劉堯夫、陸九韶、陸九淵進行過論辯。〔註17〕南宋以後，隨著朱熹思想被廣泛傳播和普遍認可，後世學者特別是元明學者在解讀太極時，多以朱熹太極即天理的思想為法則而加以傳衍和發揮。元代吳澄在論及太極時，便對朱熹以太極為理的觀點大加讚賞，他認為「太極者，道也」〔註18〕、「太極者何？曰：道也。道而稱之為太極何也？曰：假借之辭也。」〔註19〕並且稱自己的解讀是直承朱熹解讀而來，不違朱子之意。明初學者曹端在朱熹《太極圖說解》的基礎上作《太極圖說述解》，他也承襲朱熹之說，以太極為理，在序言中便稱孔子之後討論太極者多以氣言，不明晰「太極，理之別名耳」、「道即太極，太極即道」。〔註20〕

第二節　太虛即太極

一、張載對太極的解讀

其實，在朱熹之前的張載也講到太極，雖然太極於張載著作中僅七見，但是從中也可以窺測其對太極的理解。張載所講太極，主要集中在《橫渠易說》中，《正蒙》的《參兩篇》和《大易篇》涉及太極的兩句皆源自《橫渠易說》。張載在《橫渠易說・說卦》中說：

> 地所以兩，分剛柔男女而傚之，法也；天所以參，一太極兩儀而象之，性也。〔註21〕

〔註16〕朱熹：《太極圖說解》，《朱子全書》第十三冊，上海古籍出版社、安徽教育出版社，2002 年版，第 76 頁。

〔註17〕顧春：《朱陸無極太極之辯新論》，《中國文化研究》，2002 年第 3 期，第 56～66 頁。

〔註18〕吳澄：《吳文正集》卷三，清文淵閣四庫全書本。

〔註19〕吳澄：《吳文正集》卷四，清文淵閣四庫全書本。

〔註20〕曹端：《曹端集》，中華書局，2003 年版，第 1、2 頁。

〔註21〕張載：《張載集》，中華書局，1978 年版，第 233 頁。

一物兩體者，氣也。一故神，兩在故不測。兩故化，推行於一。此天之所以參也。兩不立則一不可見，一不可見則兩之用息。兩體者，虛實也，動靜也，聚散也，清濁也，其究一而已。有兩則有一，是太極也。若一則有兩，有兩亦一在，無兩亦一在。然無兩則安用一？不以太極，空虛而已，非天參也。〔註22〕

一物而兩體者，其太極之謂歟！陰陽天道，象之成也；剛柔地道，法之效也；仁義人道，性之立也；三才兩之，莫不有乾坤之道也。易一物而合三才，天地人一，陰陽其氣，剛柔其形，仁義其性。〔註23〕

從「一物兩體者，氣也」與「一物而兩體者，其太極之謂歟」可知，張載所言太極是氣，此氣有虛實、動靜、聚散與清濁之屬性，亦即陰陽二氣。張載從天參的角度出發，以氣解釋太極，特別強調太極不是虛空，從而未曾沾染以道家之無比附太極的舊習，也有別於後來朱熹以理解讀太極的做法。另外，張載將太極與性相聯繫，稱效法天參之太極兩儀而以仁義為性。

於此，有一點是明確的，即作為氣的太極僅是張載哲學的本原，而不是本體，故而筆者不贊同將張載哲學定性為太極本體論的觀點。〔註24〕我們結合張載哲學中對天、性的界定，即「由太虛，有天之名；……合虛與氣，有性之名」〔註25〕，則能更有力地說明涵括以太虛為本體的宇宙本體論和以氣為本原的宇宙生成論的張載天學，以及蘊含以太虛為根據的天地之性和以氣為基礎的氣質之性的張載性論。〔註26〕

張載未曾直接言及太極與太虛關係，更沒有將太極等同為太虛。在《橫渠

〔註22〕張載：《張載集》，中華書局，1978年版，第233～234頁。
〔註23〕張載：《張載集》，中華書局，1978年版，第235頁。
〔註24〕馬新焱：《「以易為宗」——張載太極本體論探析》，《長春理工大學學報》，2009年第3期。
〔註25〕張載：《張載集》，中華書局，1978年版，第5頁。
〔註26〕張載哲學的「宇宙本體論層次的基本概念是太虛亦即天。」而「宇宙生成論層次的基本概念是道和性」。「除張載之外，周敦頤、朱熹的宇宙論哲學也具有兩層結構。與張載宇宙論哲學以太虛與氣（陰陽）為模式類似，周敦頤宇宙論哲學以無極與氣（陰陽）為模式，朱熹宇宙論哲學則以天理與氣（陰陽）為模式。雖然他們三人所使用的本體概念不同，分別為無極、太虛、天理，但宇宙論哲學的基本模式則是一致的，都是由本體與氣（陰陽）構成的。而且，周敦頤和朱熹的宇宙論哲學與張載一樣，也都具有宇宙本體論和宇宙生成論兩個層次。」林樂昌：《張載兩層結構的宇宙論哲學探微》，《中國哲學史》2008年第4期，第79頁。

易說·繫辭下》我們找到了張載唯一提及「太虛之氣」的一句話，他說「太虛之氣，陰陽一物也，然而有兩體，健順而已。」〔註27〕漢代人講元氣，唐代一些道教人士將元氣稱為太虛之氣，盧重元《列子注》和陸海羽《三洞珠囊》都曾出現太虛之氣一詞。張載早年曾經有出入佛老的經歷，在《橫渠易說》中出現太虛之氣也不足為奇。張載在詮釋氣、太極時，提出「一物兩體」的理論，氣和太極都是其中的「一」。就此而言，張載所稱的太虛之氣也是「一物兩體」中的「一」，其中的「太虛」是用來描述陰陽二氣未分之時的混一無形的屬性，相當於元氣一詞中的元。在張載《橫渠易說》中，太極、氣、太虛之氣是同義的，只不過在張載代表作《正蒙》中則太極較少被提及，而較多使用氣這一概念，《橫渠易說》的太虛之氣也未再出現。

二、「太虛即太極也」

在張載哲學中，太極是氣，而不是無、理。明代初期的《正蒙集釋》對《正蒙》所作的諸多解讀中，將太極詮釋為理、氣，提出「太虛即太極也」的觀點，非常具有獨特性。

（一）太極兼具理氣

張載在《橫渠易說》中多次言及太極，後來在《正蒙》中有三處討論過太極，主要是《參兩篇》與《大易篇》中的三章：

> 地所以兩，分剛柔男女而傚之，法也；天所以參，一太極兩儀
> 而象之，性也。〔註28〕

> 一物兩體，氣也；一故神，兩故化。此天之所以參也。〔註29〕

> 一物而兩體，其太極之謂與！陰陽天道，象之成也；剛柔地道，
> 法之效也；仁義人道，性之立也。三才兩之，莫不有乾坤之道。〔註30〕

《正蒙集釋》對以上言及太極的三章內容都作了詳細解讀，在此我們先將其各章的具體注文引錄如下：

> 天圓地方。方者經一而圍四，四合二偶，故兩地而為二。圓者
> 經一而圍三，三各一奇，故參天而為三。分者法之所由立，一者性

〔註27〕張載：《張載集》，中華書局，1978年版，第231頁。
〔註28〕張載：《張載集》，中華書局，1978年版，第10頁。
〔註29〕張載：《張載集》，中華書局，1978年版，第10頁。
〔註30〕張載：《張載集》，中華書局，1978年版，第48～49頁。

之所由貫，剛必柔濟，男必女交，法剛柔男女所以為兩。太極之理寓乎陰陽，性也。太極陰陽所以為參，效也。象天人之參天地者至矣。此參天兩地之說，故聖人兼三才而兩之也。〔註31〕

愚謂一陰一陽，人之夫婦，昆蟲之牝牡，草木之雌雄，皆是「孤陽則不生，孤陰則不育也」。推行此一，如乾以施之坤則翕受，坤不過行乾之道也。《易・繫辭》曰「一陰一陽之謂道」，終之曰「陰陽不測之謂神」。朱子注引張子之言，曰「兩在故不測」，觀《易》則知張子一神兩化之說。愚嘗讀周子之書，無極以氣言，太極以理言，下則一陰一陽互為其根。太極是生兩儀也，一陰一陽謂之道，繼之者善，成之者性，與「天所以參，一太極兩儀而象之，性也」同。五行一陰陽，陰陽一太極，「乾道成男，坤道成女」，與「男女剛柔而傚之，法也」同。前章如此，已言性與法矣。此章則言一者故神，其專一悠久而神妙不測。在在有之，指太極動而生陽，靜而生陰也。兩者，無陽不生，無陰不育。陰陽各其一太極，所以推行乎一。今學者專指氣言，誤矣，如是則與「一太極兩儀而象之」之旨全相背馳。「一物而兩體，氣也」，不過言太虛之氣本一物，而有兩儀之陰陽本氣，而「一故神，兩故化」焉。言神則有太極之理存，豈可專言氣乎。故張子亦曰「散殊而可象為氣，清通而不可象為神」，已分氣分神言之。末又曰「神者太虛妙應之目」，太虛即太極也，故以神兼氣理言則可，專以氣言則不可，但未及性中仁義之理而已。〔註32〕

兩體，陰與陽也，乾與坤也，皆兼理氣而言。造化方有顯露，故曰「象之成」。造化詳密可見，故曰「法之效」。效是呈，如陳獻也。法是已形之象。性立如卓立之立。「三才兩之」，陰陽、剛柔、仁義皆兩也，天地人三才也。剛仁與陽乾之道，柔義與陰坤之道，象法與性，皆太極中之一物也。理也，氣也，指太極之氣曰陰陽，其質曰剛柔，理曰仁義，然實不外乾坤之道。〔註33〕

《正蒙集釋》融合漢儒太極為氣和宋儒太極為理，將太極解讀為理、氣，稱張載太虛為太極，但是又稱「太虛即氣」的思想不如周敦頤「無極而太極」

〔註31〕 《正蒙集釋》，《新刊性理大全》卷五，明嘉靖十七年本。
〔註32〕 《正蒙集釋》，《新刊性理大全》卷五，明嘉靖十七年本。
〔註33〕 《正蒙集釋》，《新刊性理大全》卷六，明嘉靖十七年本。

嚴謹、周詳。

　　首先，《正蒙集釋》重新詮釋了張載的天參說。張載稱「一太極兩儀」為天參，具體分疏為太極之氣與陰陽之氣，即一與兩之關係視為參，並且三者都是屬天的，故而稱為天參。其中陰陽是天之道，而它與作為地道的剛柔和人道的仁義共同組成三才。三才的內涵包括象、法和性。在此基礎上，張載稱「天所以參，一太極兩儀而象之，性也」，將人道之性與天道之太極和陰陽相聯繫，即天道人道相貫通。張載所講的這些內容，很大程度上沒有超越漢唐儒者元氣宇宙論的範圍，其以神形容太極之氣，並進而在《正蒙》中少言太極的張載自覺摒棄元氣性的太極，直言「由太虛，有天之名；……合虛與氣，有性之名」，以太虛釋天、以虛氣解性，而不是以太極釋天、以氣解性。〔註34〕《正蒙集釋》同樣以太極陰陽詮釋張載天參說，不過其已經將天參說解讀成道德本體意義上的理論學說了。其認為，人道之性與天道之太極陰陽的關係是「太極之理寓乎陰陽」，以此而成的性也能夠貫通天人，這就回歸到《中庸》的「天命之謂性」思想了。

　　其次，就太極與陰陽的關係，亦即一與兩的關係問題，《正蒙集釋》從太極是理的詮釋基礎上批評專以氣界定它們之間關係的做法，提出要從理氣兼具的角度界定太極與陰陽的關係，即理氣關係。《正蒙集釋》稱「太極動而生陽，靜而生陰。……陰陽各有一太極，所以推行為一」，其中太極動靜生陰陽的思想是對元氣論的繼承，而以「陰陽中各有一太極」詮釋「推行為一」則是其創新之處。因為，在《正蒙集釋》的作者看來，太極與陰陽的「一與兩」的關係不應當僅僅是在氣的層面的討論，即「不可專以氣言」。如果僅僅從「太極動而生陽，靜而生陰也」立言，是從陰陽二氣的動靜變化層面界定太極，從而遮蔽了太極無動靜層面下所具有的「神妙不測」作用，容易導致對太極形上超越性的消解。

　　在朱熹之前，學者多以氣解釋太極，如前所述太極諸義中漢代鄭玄、唐代孔穎達釋太極為陰陽未分的元氣，宋代周敦頤《太極圖說》中的太極也具有較為濃厚的漢代元氣義涵，張載更是明確將太極界定為氣。朱熹從形上形下相區

〔註34〕中國古代哲學家的哲學思想大都有不同的發展階段，張載哲學思想也一樣。《橫渠易說》及其他諸經說當屬張載早期著作，《正蒙》是其成熟期著作，這也是為什麼張載哲學思想研究主要依據《正蒙》的原因。《正蒙》中張載對其早期的思想有取有捨，我們認為太極是在捨棄之列的。

分的角度出發認為,一方面,太極是理,動靜是陽動陰靜,太極本身沒有動靜,「太極理也,動靜氣也」;另一方面,太極不離氣之動靜,太極雖然無動靜,但是氣之所以動靜的根據則是理的神妙作用,「太極猶人,動靜猶馬;馬所以載人,人所以乘馬。馬之一出一入,人亦與之一出一入」。〔註35〕朱熹認為理氣本無先後可言,但是如果「必欲推其所從來」、「推上去時」,〔註36〕理在先而氣在後,上言第一方面就是基於此而強調太極(理)的本體先在性、絕對性;第二方面則是在朱熹理氣不離不二的宇宙生成論層面強調太極(理)的發用性、普遍性。正如我們所知,朱子學在明初繁盛形勢下蘊含著宇宙生成論轉向,如曹端在太極有動靜的觀點下指出了朱熹「人乘馬」比喻理氣關係有「死理」之弊、〔註37〕薛瑄強調「理只在氣中,決不可分先後」和「天下無無氣之理,亦無無理之氣」。〔註38〕《正蒙集釋》的作者早於曹端、薛瑄,其看到了明初學者「專以氣言」太極的趨勢,故站在朱子學立場上,通過對《正蒙》「一故神,兩故化」詮釋太極之理與陰陽二氣的關係,而批評了以氣解釋太極的學者。

在此,《正蒙集釋》繼承朱熹以理解讀太極的思想,將太極詮釋為理,創造性地將張載的神化思想融入太極與陰陽的關係中。《正蒙集釋》以理解讀太極,批評專以氣解釋太極,其蘊含的意義是:因象法太極而成的仁義之性所具備的道德屬性是先天的,則可以避免純自然的元氣之天如何與道德之性相貫通的理論悖論,這也是以理言太極的理論優勢。當然,這種詮釋理路與張載《正蒙》摒棄元氣之太極而從虛與氣兩方面界定性的做法極為相似,只是張載的理論架構是太虛與氣,而不是理與氣。

最後,前面我們說《正蒙集釋》繼承朱熹以理解太極的傳統,但是具體到對太極的界定,其也有很多不同於朱熹之處。《正蒙集釋》對太極的涵義作了如下界定,具體包括如下三個方面。

第一,太極是理,無極是氣,這是《正蒙集釋》太極思想的主旨。《正蒙集釋》的作者崇尚周敦頤「無極而太極」的思想,稱「愚嘗讀周子之書,無極以氣言,太極以理言,下則一陰一陽互為其根。」這種理解非常獨特,朱熹雖

〔註35〕黎靖德編:《朱子語類》卷九十四,中華書局,1986年版,第2376頁。

〔註36〕黎靖德編:《朱子語類》卷一,中華書局,1986年版,第3頁。

〔註37〕曹端:《曹端集》,中華書局,2003年版,第23頁。

〔註38〕黃宗羲:《明儒學案·河東學案》卷七,2008年版,中華書局,第119、125頁。

然以理言太極並且也稱「若語道理，惟是周子說『無極而太極』最好。」〔註39〕但是，他認為沒有無極，而《正蒙集釋》則認為無極是氣，是存在的。正是基於此，《正蒙集釋》批評某些學者僅僅以氣之一方面界定太極與陰陽的關係，並且認為張載「終不及周子『無極而太極，太極本無極』之說也」。〔註40〕

　　第二，太極兼具理氣，《正蒙集釋》中既使用「太極之理」亦出現「太極之氣」。太極兼具理氣，是從太極之體與太極之用兩個方面立論的，即太極本體是天理存在，其發用是於陰陽二氣化生萬物中彰顯天之主宰。不過，《正蒙集釋》同時使用太極之理與太極之氣，則有自相矛盾之嫌，因為理與氣不能等同為一物。這種理論上的不足，源於既要解釋萬物創生的本原又有賦予世間萬物以道德秩序的現實需求，使得其兼具太極元氣論與太極天理論的雙重屬性，這種思想略顯繁雜。不過，《正蒙集釋》又講太虛之天，其以天統攝理與氣的思想在一定意義上化解了這種矛盾、繁雜，此於後文劉璣部分將作詳細論述。

　　第三，太極是有，無極是無，太極隱於無，即太極之理寓於無極之陰陽二氣。「理則通達無間，自太極之有，而極於無極之無，無物不有者也。」〔註41〕《正蒙集釋》以理為本體，將無極詮釋為無，太極詮釋為有，此處的無與有不是道家哲學意義上的名詞，而是用來描述無極與太極的形容詞，即無形、有形的意思。因為，《正蒙集釋》同樣批評道家以無為本的思想，認為道家不知曉有無混一的圓融真諦，稱「蓋無而無極，有而太極。太極又本於無極，又含太極之道也。有生於無，是無為本根，有為枝葉，豈通一無二之道乎？」〔註42〕此處，《正蒙集釋》講太極之有本於無極之無，即有本於無，然而在這個「本」的過程中涵括太極之道（理）。《正蒙集釋》是在強調蘊含於「有本無」的理，主旨是有無主於一理，所以它才對道家「有生於無」提出批評，認為其違背了理主宰下的無有「通一無二之道」、「有無混一之道」。《正蒙集釋》認為，理能夠通達無間，自有形之太極到無形之太極，無處不在，無處不有。此種講法是對朱熹以理釋太極思想的發展，以太極為有、為理，無極為無、為氣，以有寓於無、以理主宰氣的思想很有特點，但是於朱熹理氣觀相比較又略顯雜駁。

〔註39〕黎靖德編：《朱子語類》卷九十九，中華書局，1986年版，第2533頁。
〔註40〕《正蒙集釋‧太和篇》，《新刊性理大全》卷五，明嘉靖十七年本。
〔註41〕《正蒙集釋‧乾稱篇》，《新刊性理大全》卷六，明嘉靖十七年本。
〔註42〕《正蒙集釋‧太和篇》，《新刊性理大全》卷五，明嘉靖十七年本。

（二）「理之所主，氣由出焉」

太虛是張載哲學的核心概念之一，〔註 43〕其賦予張載哲學以鮮明特點。張載太虛與道家太虛有關係，因此招致程朱的批評與指責，後世注解者詮釋太虛有從程朱理學的理氣模式出發將張載太虛解讀為理的趨勢，《正蒙集釋》從太極觀的角度提出「太虛即太極也」的觀點並進而解讀出太虛所涵括的三個層面義涵。

1. 二程對張載太虛的批判

從先秦到宋代的儒家著作中，少有太虛一詞出現，而在道家著作中則對之多有論及。張載哲學中太虛一詞，正是從道家處借用而來。道家太虛，其有兩種涵義：一是空間性的虛無、空無，一是生成性的始源、本根。太虛是對廣袤無限的宇宙太空（天空）的直接描摹；是一種空無、虛無，太虛是天地生成的始源、宇宙化生的本根。當然，道家太虛的此兩種涵義自有其合理性和系統性，二者間從注重實然存在向傾心超越境域的義涵轉變，此是道家哲學思辨性提升的表現。然而，在有過「訪諸釋老之書，累年盡究其說」〔註 44〕經歷的張載眼中，它們還不夠完美，轉變也未能徹底，是有弊病的。所以，從挺立儒家思想的立場出發，張載認為，道家虛無、空無的太虛誤認天為「蒼蒼之形」，是背離了「自然之理」，〔註 45〕最終導致太虛有形而無實；始源、本根的太虛，則囿於「體用殊絕」、「以無為有」的「自然之論」，〔註 46〕看到了太虛動的層面，但忽視掉它靜的層面。前者隔絕有無，實有而無源；後者割裂動靜，滯動而棄靜。因此，張載就不能完全承襲道家意義的太虛，而須對其加以改造和提升，其後方能構建起儒家哲學所需要的形上本體論基礎，進而解決「秦漢以來

〔註 43〕 太虛是張載哲學的核心概念，有關張載哲學的分歧也多源於對太虛的多樣化解讀，概而言之主要集中為太虛本體論和氣本體論兩種觀點。相關文章有：湯勤福《太虛非氣：張載「太虛」與「氣」之關係新說》（《南開學報》2000 年第 3 期），丁為祥《張載太虛三解》（《孔子研究》2002 年第 6 期），劉晨、周桂英《太虛與氣──張載太虛本體論思想管窺》（《寶雞文理學院學報》2006 年第 5 期），徐洪興《「太虛無形，氣之本體」──略論張載的宇宙本體論及其成因和意義》（《復旦學報》2005 年第 3 期），楊立華《氣本與神化：張載本體論建構的再考察》（《哲學門》2005 年第 2 期），林樂昌《張載兩層結構的宇宙論哲學探微》（《中國哲學史》2008 年第 4 期），辛亞民《太虛如何承載價值──張載「太虛」概念新探》（《中國哲學史》2010 年第 3 期）等。

〔註 44〕 張載：《張載集》，中華書局，1978 年版，第 381 頁。

〔註 45〕 張載：《張載集》，中華書局，1978 年版，第 12 頁。

〔註 46〕 張載：《張載集》，中華書局，1978 年版，第 12 頁。

學者「知人而不知天」的「大弊」。〔註47〕基於此，張載必須對太虛重新界定，賦予太虛儒家形上本體論的涵義。正是在此意義上，張載哲學才被視為注重直覺超越性、價值體貼性的中國傳統「本體宇宙論」。〔註48〕

然而，由於與道家太虛觀念的相關性，張載「太虛」概念在歷史上受到諸多批評。據張載的弟子范育記載，元祐二年，即張載去世後十三年，便出現了《正蒙》「疑義獨無從取正」的現象，以至於「或者疑其蓋不必道，若清虛一大之語，適將取訾於末學，予則異焉。」〔註49〕在此，范育未明言批評、質疑張載《正蒙》的「或者」為何人。但是，通過「若清虛一大之語」的提示，我們不難推斷出此「或者」便是二程兄弟。二程兄弟批評張載「清虛一大」凡四次，程顥三次，程頤一次。他們站在各自的學術立場，〔註50〕判定張載以「清虛一大」為「萬物之源」、「天道」、「形而上者」的思想是偏頗甚至錯誤的。〔註51〕程頤認為，天下皆是至實之理，根本不存在太虛，所以「安得謂之虛」，〔註52〕這是後人批評張載太虛觀念的肇始，後經承繼程頤思想的朱熹進一步批判，從而完成了宋明理學在本體論層面以「天理」取代「太虛」的進程，〔註53〕同時也坐實了張載「太虛」的不足。

2. 太虛：理之所主，氣由出焉

朱熹以天理解讀甚或代替太虛，其批評太虛的同時一定意義上默認了其在張載哲學中的形上地位。朱熹弟子陳埴，〔註54〕就徑直將張載太虛詮釋為太極，稱「從太虛上看，則謂之天，天為太極是也。」〔註55〕進而通過其《四端

〔註47〕張載：《張載集》，中華書局，1978 年版，第 368 頁。

〔註48〕牟宗三：《心體與性體》（第一冊），《牟宗三全集》（第 5 卷），聯經出版事業公司，2003 年版，第 469 頁。

〔註49〕張載：《張載集》，中華書局，1978 年版，第 4 頁。

〔註50〕程顥、程頤對張載「清虛一大」之批評是有略微差異的，參看張金蘭《關洛學派關係研究》，第 95-99 頁。

〔註51〕程顥、程頤：《二程集》，中華書局，2004 年版，第 21、118、1174 頁。

〔註52〕程顥、程頤：《二程集》，中華書局，2004 年版，第 66 頁。

〔註53〕朱熹對張載太虛概念大加批判，並進而以繼承周敦頤「無極而太極」思想發展出的理氣觀化解張載虛氣觀。參見林樂昌《張載理觀探微──兼論朱熹理氣觀與張載虛氣觀的關係問題》，《哲學研究》2005 年第 8 期，第 24～30 頁。

〔註54〕陳埴，字器之，號木鐘，人稱其為潛室先生，永嘉人，本為葉適弟子，後追隨朱熹問學。《宋元學案》有「木鐘學案」，稱其能夠「墨守師說」，黃宗羲《宋元學案》，中華書局，1986 年版，第 2008 頁。

〔註55〕陳埴：《木鐘集》卷十，清文淵閣四庫全書本。

說》中的「性是太極混然之體，……」，將性與太極即天道與人道聯繫起來。陳埴又稱「性即理」、「性與天只是一理」、「道是太極」、「性者人心所具之天理」等等，〔註56〕在他看來太虛、天、太極、理、道是屬天道層面的形而上者，性是人道層面的形而上者，其中將張載太虛解釋為太極、理。不過，也有學者在承續朱熹之學基礎上，將太虛解讀為空間意義上的虛空。熊剛大在《性理群書句解》中逐句解讀張載《正蒙》，其中他以虛無、空虛解讀太虛，解「太虛無形」為「空虛之中，初無形體」、解「太虛不能無氣」為「空虛亭毒之表，惟有此氣」、解「氣块然太虛」為「陰陽二氣，氤氳於太空之中」等等，〔註57〕將太虛的形上性完全消解了。

不論是將太虛解讀為理還是空無，注解者都不能徹底遮蔽太虛在張載《正蒙》的核心地位。《正蒙集釋》在解讀《太和篇》的「太虛為清」章時對此也有轉引，稱「程子曰：『神氣相極，周而無餘。謂氣外有神，神外有氣，是兩之也。清者為神，濁者何獨非神乎？』……朱子曰：『無極是該貫虛實清濁而言，無極字落在中間。太虛字落在一邊了，便是難說。聖人熟了說出，便恁地平正。而今把意思去形容他，卻有時偏了。』」〔註58〕程子認為神氣混融一體，未曾分離，故而批評張載將神氣割裂為二。另外，認為清濁皆有神在。朱熹指出無極該貫虛實清濁，太虛則僅指虛清一邊，偏離了中道。不贊同張載「清者該濁，虛者該實」的觀點，認為形上之理與形下之氣不可混為一談，虛實、清濁是相對而立的，張載太虛就是有偏蔽之病，不如其天理嚴整。不過，《正蒙集釋》在解讀《正蒙》時，也不得不對太虛作出盡可能合理的解讀。具體而言，有如前面我們說《正蒙集釋》在解讀《正蒙》《參兩篇》的「一物兩體者，氣也」章時，提出了「太虛即太極也」的觀點，稱「一物兩體」的一是太極，太極就是太虛。

其一，統而言之，太虛即太極，在宇宙論意義上是「理之所主，氣由出焉」的太虛。

《正蒙》的《太和篇》稱「太虛無形，氣之本體，其聚其散，變化之客形爾；至靜無感，性之淵源，有識有知，物交之客感爾。客感客形與無感無形，惟盡性者一之。」《正蒙集釋》為此句所作的解讀進一步界定了太虛的涵義。

〔註56〕陳埴：《木鐘集》卷十，清文淵閣四庫全書本。
〔註57〕熊剛大：《性理群書句解》卷十二，清文淵閣四庫全書本。
〔註58〕《正蒙集釋·太和篇》，《新刊性理大全》卷五，明嘉靖十七年本。

其解讀如下：

> 「太虛無形」，猶言太極本無極也。然太虛亦指道而言。本體者，主也，內也。客形者，賓也，外也。盡性者，踐形之聖人也。夫太虛在上，至空而明，沖漠無朕者也。理之所主，氣由出焉，何嘗有形狀之可見也。至於氣之或聚或散、為鬼為神、為生為死、為盛為衰、為成為敗，皆變化之客形使然乎。是性則太虛，而情則變化耳。惟其太虛，則至靜無為，乃吾性之本源，所謂寂然不動者也。至於外物所交，凡有智識者一或觸乎吾前，而吾不能應之，所謂感而遂通者也，非物交物而我外應之耶。以本體為內，不可不致其養。以客感為外，不敢不謹其防。若是，則外之所感者有感有形，內之所主者無感無形。惟盡性踐形之聖人，然後能一之。一之則內不失所守，外不離於正，混然為吾之所有，一之而非二矣。則太虛者全於我，應變無窮，豈空寂者之比哉。但張子以本體、客形分之，則為二途，與一本萬殊者若倍徙，故朱子曰：「客感客形與無感無形，未免分截作兩段事，聖人不如此說，只說形而上形而下而已。」以愚論之，張子謂太和者，是「和也者，天下之達道也」，故有動靜、屈伸之說。語太虛者，是「中也者，天下之大本也」，故有無感、無形之說。千載之下，惟張子能契《中庸》之旨也夫。然終不及周子「無極而太極，太極本無極」之說也。雖然，太虛在天，則「皇矣上帝」、「赫赫在上」是也。客感客形，則「萬物化生」是也。在人，則吾心之理至靜、無為者也。客感客形，應事接物是也。學者宜致思焉。〔註59〕

《正蒙集釋》認為張載所講的「太虛無形」就如同周敦頤的「太極本無極」，太虛是太極、是道。在宇宙論意義上，太虛既是本體論之理，又是生成論之氣，即《正蒙集釋》所言的「夫太虛在上，至空而明，沖漠無朕者也。理之所主，氣由出焉，何嘗有形狀之可見也。」

「夫太虛在上，至空而明，沖漠無朕者也。理之所主，氣由出焉，何嘗有形狀之可見也。」理是太虛的主宰，氣從太虛中出，前者是從宇宙本體論層面界定太虛的本質屬性是理，後者是從宇宙生成論角度追溯萬物的本原之氣，並且通過太虛將二者完美地融合為一。後來，清代王夫之不贊同朱熹開啟的以「陰陽會合沖和之氣」解讀張載「太和」的傳統，提出以理氣詮釋太和的觀點，

〔註59〕《正蒙集釋·太和篇》，《新刊性理大全》卷五，明嘉靖十七年本。

稱「太和之中，有氣有神。」〔註60〕實則與《正蒙集釋》所解之太虛有異曲同工之妙。不過，在《正蒙集釋》中太和多被解釋為「達道」，太和是《中庸》的和，是「和也者，天下之達道也」，這很明顯是對朱熹以「『發而中節』之『和』」解張載「太和」的繼承。但是，《正蒙集釋》還從《中庸》的角度解釋了《正蒙》的太虛，稱太虛是《中庸》的「中也者，天下之大本也」，從而說明太虛是無形、無感的形而上者。一為中，一為和，可見《正蒙集釋》對太虛與太和不同內涵的自覺。

《正蒙集釋》以周敦頤「太極本無極」和《中庸》的「中」比附張載太虛，稱讚「千載之下，惟張子能契《中庸》之旨」，但是其更歸旨於朱熹之學，判定張載所言太虛是太極，「太虛無形」終究不及周敦頤的「無極而太極，太極本無極」。

其二，分而言之，《正蒙集釋》在將太虛界定為太極之時，既稱太虛之道又稱太虛之氣，即其有時稱太虛是理，有時又稱太虛為氣。

（1）太虛之理

《正蒙集釋》在詮釋《正蒙·太和篇》的「由太虛，有天之名」章時提出太虛為理、道的觀點。

> 由，從也。天與道，在天者也。性與心，在人物者也。天以陰陽五行化生萬物，氣以成形，理亦賦焉，此由天有道之名，道即理也。由是人各得其健順五常之德以為性，此有性之名也。心則雖同乎物，而猶重乎人也。性者心之理，知覺者心之氣。愚謂此一章張子之學大有得處，一生工夫在此。惟有心，故當盡心而存心。惟有性，故當知性而養性。惟有天，故當知天以事天。太虛、氣化、性、道、心之名。太虛，天也，一理俱包其中，混然一物，但可名天耳。既曰天，則有主宰，乃道也，理也，故虛歸之天。氣化，氣也，陰陽造化、寒暑晝夜、雨露雪霜、山川木石金、水火土是也。性兼人物而言，合虛與氣者，虛即理，仁義理智之德也，氣即氣化，善惡吉凶得失悔吝之類，性而含情者也。道，理也。未著人物上浮沉、升降、動靜、清濁、聚散、勝負、屈伸、出入、虛實、剛柔，皆陰陽之理，存乎其間，然孰主之為陰而陽人為人物為物之故，此即道也。太和之所自也。心，氣之虛靈，理之郛郭。人物血氣之動，有知有

〔註60〕王夫之：《張子正蒙注》，中華書局，1975年版，第2頁。

覺，其理氣化有道，道即虛也。合虛與氣為性，性即虛之理也。合
性知覺有心，性即心之理，知覺即心之氣也。是以出入無定在，操
捨則存亡。常操存以養是心，則性道天皆在我矣。〔註61〕

在此，《正蒙集釋》首先從宋代以來將道歸屬形而上層面的做法，稱「天
與道」是形而上的「在天者」。繼而，從宇宙生成論的角度言天化生萬物的過
程中，氣使得形以成，理使得德以立，其中的理便是屬天的道，即「道即理也」。
故而，我們在下面就看到「道即理也」、「虛即理」、「道，理也」、「道即虛也」
等意義相同的用語，明確將太虛詮釋為理、道。《正蒙集釋》在此將太虛詮釋
為理，是有悖於朱熹思想的。

朱熹詮釋張載太虛，在其批評之中有將太虛視為理的觀點，《性理大全》中
附於《正蒙》「由太虛，有天之名」後的朱子注就充分表現了這一點。朱熹稱「本
只是一個太虛，漸細分得密爾。且太虛便是四者之總體，而不離乎四者。……
只此便是太虛，但雜卻氣化說。雖雜氣化說，而實不離乎太虛，未說到人物各
具當然之理處。『合虛與氣，有性之名』，有這氣，道理便隨在裏面。無此氣，
則道理無安頓處。……『由氣化，有道之名』，是虛底物在實上見，無形底因有
形而見。氣有形而虛無跡，以有形之氣具無跡之理，故謂之性也。」〔註62〕

在此，朱熹批評張載太虛夾雜氣化，存在將形而上與形而下混為一團之弊
端，未能涉及人物各具天理的層面。由此向前一步，朱熹便有太虛只是說氣的
極端觀點，從太虛夾雜氣到太虛只是氣，表明朱熹試圖徹底將張載太虛置之於
形而下的層面。然而，在回答弟子「橫渠云『太虛即氣』乃是指理為虛，似非
形而下」提問時，朱熹又不得不勉強承認張載賦予太虛的形上性，稱「縱指理
為虛」，又稱「『由太虛有天之名』，這全說理。」〔註63〕朱熹將太虛詮釋為理、
道理，認為太虛是無跡之理，「由氣化，有道之名」即是太虛之理借助於有形
之氣從而得以彰顯，「合虛與氣，有性之名」則是稱因為有形之氣涵具無跡之
理才使性之名得以確立。作為宗法朱熹之學的《正蒙集釋》，在太虛為理的解
讀中，受到了朱熹如上詮釋的影響。

太虛為理，是從宇宙本體論層面立言的，重在強調世間萬物的合道德性。
這種道德性不是後天人為強加的，而是在天化生萬物過程中就具有的，這正是

〔註61〕《正蒙集釋‧太和篇》，《新刊性理大全》卷五，明嘉靖十七年本。
〔註62〕《新刊性理大全》卷五，明嘉靖十七年本。
〔註63〕黎靖德編：《朱子語類》卷九十九、卷六十三，中華書局，1986年版，第2538
頁、1431頁。

《正蒙集釋》所說「太虛，天也，一理俱包其中，混然一物，但可名天耳。既曰天，則有主宰，乃道也，理也，故虛歸之天」的道理所在，即「由太虛，有天之名」強調的是作為天之主宰的道、理、太虛。

（2）太虛之氣

《正蒙集釋》中多次出現「太虛之氣」一詞，甚至直接稱「既云太虛，則遂為氣」。〔註64〕

《正蒙集釋》解《正蒙》「太虛不能無氣」章時，稱天生萬物是氣之聚，「物散為太虛」是萬物散化為太虛之氣，其將有形之氣與太虛之氣相對應，認為萬物的生滅是「虛與氣，二者循環以出以入，由虛生而為物，自物散而為虛」，「散而為太虛」不是「消化於無」而是歸為實有而無形的「太虛之氣」。〔註65〕

《正蒙集釋》所言「太虛之氣」受到程朱影響，並稱「太虛之氣」是超越陰陽二氣、涵括清濁的無形之氣。《正蒙集釋》解讀《正蒙·太和篇》的「太虛為清」章時稱：

> 張子之意，蓋謂太虛是氣之清，清則無滯礙，所以為神，神則無方。不清則反為濁，濁則滯礙，滯礙則成形，為愚人，為雜物，不及聖人之神也。如是，則理多舛戾，氣亦昏妄，不為甚濁者乎。蓋以神為清，是言氣之精純者。以形為濁，是言氣之渣滓者。神可為清，不可為濁矣，豈知太虛之氣乃含清濁者乎。〔註66〕

從表面上看，張載將太虛界定能夠因清而無礙的神，與其對立者則是濁而有礙的形。故而，程顥有言「一氣相涵，周而無餘。謂氣外有神，神外有氣，是兩之也。清者為神，濁者何獨非神乎！」〔註67〕批評張載將神氣二而對立，稱神氣本應相互涵容，清者濁者皆可為神。張載以「清者可以該濁，虛者可以該實」回應了程顥的批評，而朱熹贊同程顥的觀點，認為張載的回應無法掩蓋氣之清與濁、虛與實的相對性。〔註68〕

《正蒙集釋》站在程朱立場上，主觀推測張載將氣之清、濁、虛、實截然對立，並稱「張子之意」違背了理有昏明而無清濁的原則，容易導致理氣相混雜的錯誤，其認為正確的解讀應是太虛之氣兼具清濁，神是用來說明氣之精純

〔註64〕《正蒙集釋》，《新刊性理大全》卷五，明嘉靖十七年本。

〔註65〕《正蒙集釋》，《新刊性理大全》卷五，明嘉靖十七年本。

〔註66〕《正蒙集釋》，《新刊性理大全》卷五，明嘉靖十七年本。

〔註67〕《新刊性理大全》卷五，明嘉靖十七年本。

〔註68〕《新刊性理大全》卷五，明嘉靖十七年本。

者，形則是描述氣之渣滓者。在此，《正蒙集釋》以及程朱立論的前提是將太虛詮釋為氣，並進而批評張載。不過，太虛之於張載並不一定便是氣。《正蒙集釋》之後的《正蒙補注》對此就提出了不同看法，稱程顥之批評並不一定便是「張子之意」，〔註69〕清代王植在《正蒙初義》中則從「太虛之第二層」立論反駁程朱對張載的批評，稱張載所言清濁、虛實蘊涵「太虛與萬有對」、「萬物與太虛對」、「天地自相對」和「客形變化者自相對」多個層面的義涵。〔註70〕

第三節　以朱子學解讀《正蒙》

雖然《正蒙集釋》的作者無從考證，但是從上文所論，我們可知該人是宗奉程朱之學的學者，在「太虛即太極」的基礎上，其還闡釋了包含性既是虛之理又是心之理、理寓於氣之中而氣行於理之表等內容，〔註71〕而「太虛即太極」的觀點是最有說服理的證據。另外，《正蒙集釋》承襲了朱熹對《正蒙》的各種批評，最終使得其在解讀《正蒙》時帶上了朱子學的色彩。

然而，《正蒙集釋》充分體現了以朱子學解讀張載《正蒙》的特點。當然，此朱子學並非指朱熹之學，它是指明初學者所繼承修正之後的朱熹思想，即明初朱子學。我們不討論這種修正的正確與否，無法逃避的事實是明初朱子學已經顯現出向經驗主義轉變的跡象，〔註72〕曹端、薛瑄等學者為了避免朱熹理氣二分而導致道德準則對人之言行的絕對約束，都開始自覺放棄理之於氣的絕對性，注重強調經驗層面理與氣的不可分性。雖然，他們稱理對氣的主宰作用，但是這種主宰已經不具有形而上統攝形而下意義了，而是一種上下縱向關係消解後的橫向平面共存關係。《正蒙集釋》對太虛為理但又夾雜著氣而缺乏絕對形上性的指責，即是這種關係的表現。

〔註69〕《新刊性理大全》卷五，明嘉靖十七年本。

〔註70〕王植：《正蒙初義》卷一，清文淵閣四庫全書本。

〔註71〕《正蒙集釋》解讀「性」時常常稱「性者心之理」、「性即心之理」、「性者，吾心之理也」，解讀《正蒙》中「不云『知有無之故』」時稱「理寓乎氣之中，氣行乎理之表，尚可以有無盡之哉。」《新刊性理大全》，明嘉靖十七年本。

〔註72〕陳來認為，明代中期以後出現了對於「理」的理解的「去實體化」轉向。（陳來：《元明理學的「去實體化」轉向及其理論後果——重回「哲學史」詮釋的一個例子》，載陳來《詮釋與重建：王船山的哲學精神》，三聯書店，2010年版，第512頁）這裡的「實體」指的是本體，「去實體化」也就是去本體化，亦即我們所說的「向經驗主義轉變」。

也就是說，《正蒙集釋》並不是完全承襲朱熹之說。「太虛即太極」觀點所涵括的太極兼具理氣、理之主宰和氣所出的太虛、太虛之氣等內容都非常具有獨創性，這些都得益於明初朱子學對朱熹思想的修正。不過，我們必須看到，《正蒙集釋》將「太虛」解讀為「太極」彰顯了其試圖以朱熹理氣觀解讀張載《正蒙》的傾向，只是它還沒有做徹底，甚至有時步朱子後塵，由於其對張載思想的隔膜或偏見，也導致其相關解讀略顯雜駁。

《正蒙集釋》是《正蒙》明代注中存世的第一個，正德年間又被編入明代權威典籍《性理大全》，《正蒙集釋》體現了朱熹對《正蒙》的注解以及明初朱子學在《正蒙》注解過程中的影響。同時，《正蒙集釋》也開啟了明代以朱子學解讀《正蒙》的先河。後世《正蒙》注如余本《正蒙集解》、劉儓《正蒙解》等，皆延承了《正蒙集釋》的朱子學解讀模式，吳訥《正蒙補注》、韓邦奇《正蒙拾遺》、冉覲祖《正蒙補訓》、王植《正蒙初義》等對《正蒙集釋》則多有批判。

第四章　氣體與氣用──《正蒙補注》

　　《正蒙補注》也是自嘉靖十七年刊本《新刊性理大全》中輯錄而得，其是附錄於《正蒙》之後，是稍晚於《正蒙集釋》的又一種注釋。本章中，我們先就《正蒙補注》的作者問題，並結合歷史文獻資料作如下考論，繼之主要對《正蒙補注》中所包涵的「氣體與氣用」哲學思想加以探討。

第一節　《正蒙補注》作者考論

一、王植贊成「或曰」之說

　　王植曾經在《正蒙初義·臆說》中說「考《正蒙》注，《大全》所收《集釋》、《補注》、《集解》外，嘗得數家焉。……《集釋》三書，未詳纂述姓氏。或曰：『《集解》，明正德間，四明余本子華甫著；《補注》，明正統間，副都御史常熟吳訥思庵甫著。』」〔註1〕王植認為《新刊性理大全》所收《正蒙》三家注「未詳纂述姓氏」，其中就包括《正蒙補注》。不過，王植記錄下了某人推測「《補注》，明正統間副都御使常熟吳訥思庵甫著」的信息，其在《皇極經世書解》卷九「天數五，地數五，合而為十，數之全也」的注文中又徑直稱「明常熟吳氏訥《補注》曰：天數五，地數五，……」，〔註2〕這些說明王植贊同「或曰」以吳訥為《正蒙補注》作者的推測。

　　然而，王植未曾對吳訥為《正蒙補注》作者的推測作任何說明，我們翻檢

〔註1〕王植：《正蒙初義》卷一，清文淵閣四庫全書本。
〔註2〕王植：《皇極經世書解》卷五，清文淵閣四庫全書本。

明代以來史志書目，也未見有著錄《正蒙補注》者。《正蒙補注》，是我們輯錄《新刊性理大全》中附錄在《正蒙》多達四百四十章之後的「補注」而成。在這四百四十多章的「補注」中，我們發現了另一重要信息。《新刊性理大全》中附於《正蒙》後面的「補注」內容一共引用「童氏《發微》」凡二十一處。「童氏《發微》」是指童品（又稱章品）撰著的《正蒙發微》。在前文第二章中我們介紹過童品，其生於正統十一年（1446），卒於嘉靖十三年（1534）。而《性理群書補注》的作者吳訥則生於洪武五年（1372）卒於天順元年（1457），即吳訥卒時童品方十一歲。所以，如果輯自《新刊性理大全》的《正蒙補注》為吳訥所著，則與其引用童品《正蒙發微》的事實相矛盾。那麼，《新刊性理大全》中《正蒙補注》的作者究竟是不是吳訥，吳訥是否為《正蒙》作過「補注」呢？我們試探析如下。

二、吳訥為《正蒙》作過「補注」

今存明代宣德九年（1434）刻本《性理群書》中有吳訥所作補注，[註3]時吳訥六十五歲，正統元年（1436）八月，吳訥進《性理群書補注》，被納。吳訥為《性理群書》作「補注」，受到了朱熹、熊節和熊剛大的影響，楊士奇在《性理群書補注序》中對此作了詳細說明，其稱「昔我文公先生嘗輯周程以下諸君子嘉言懿行，作《伊洛淵源錄》。後來熊端操又著《性理群書》，蓋因文公所輯而益以司馬文正及文公先生之言行。熊剛大從而為之句釋，無非以導學者於正也。比年，吾友吳君敏德又為《性理群書補注》，而於端操所輯間有損益，於剛大所釋頗見更定」，[註4] 可見，《性理群書補注》是吳訥承繼朱熹《伊洛淵源錄》、熊節《性理群書》和熊剛大《性理群書句解》而作。據此而言，吳訥的《性理群書補注》當對收錄在《性理群書》中的張載《正蒙》加以注解。然而，今存《性理群書補注》對熊節《性理群書》所編內容進行了刪節，其未收錄《正蒙》，也就找不到與《新刊性理大全》中的《正蒙補注》相同的文字。

吳訥在宣德九年本《性理群書》的「凡例」中就未曾收錄《正蒙》的原因作了說明，其稱「《河圖》、《洛書》、《先天圖》，朱子考釋精密，載於《啟蒙》之首。《太極》、《通書》、《西銘》，朱子闡明解剖，已無餘蘊。張子《正蒙》、

〔註3〕今收錄於《故宮珍本叢刊》的《性理群書》實為《性理群書補注》，前有楊士奇序、吳訥自序，時間上將「宣德七年」、「宣德九年」誤作「端平七年」、「端平九年」，書末附有嚴本題後，將「宣德九年」誤作「嘉定九年」。

〔註4〕楊士奇：《東里集・續集》卷十四，清文淵閣四庫全書本。

邵子《皇極經世》，朱子與蔡西山亦嘗論著。盧陵黃觀樂通輯各篇並注文，定為《朱子成書》，傳行於世。今此編又自《河圖》而下著為句解，載於諸先生詩文之後。然朱子已注，尚矣，奚容注哉！故皆不敢收載，學者取《成書》讀之，則自得之矣。」〔註5〕吳訥崇敬朱熹，認為朱熹對《正蒙》等書作了詳細準確地注解，在由元代黃瑞節輯編的《朱子成書》中都能看到，所以他在刊行《性理群書補注》時就「不敢收載」了。今存《性理群書補注》是吳訥重修而定，「凡例」中有「近修《補注》」一語可為證言。吳訥自序《性理群書補注》，稱其少年時曾「博考程子、朱子及其門人之說」隨條附注，熊剛大《性理群書句解》，後來外出為官公務之暇「翻閱舊稿」而「重加考訂，裁為《補注》十四卷」。〔註6〕嚴本在《書性理群書補注後》中也稱吳訥「昔在布衣時」曾經作成《性理群書補注》，「邇來重加考訂，繕寫成帙」。〔註7〕另外，今存《性理群書補注》雖然未載《正蒙》，我們將嘉靖十七年《新刊性理大全》與吳訥《性理群書補注》相同內容後所附錄的「補注」逐一比對，依然發現其中文字多有相同者。至此，我們便可以確言吳訥曾經為《正蒙》作過「補注」，「不敢收載」正是說明了吳訥曾注釋《正蒙》、《太極圖說》、《西銘》等書，只是未收錄於今存《性理群書補注》中。《新刊性理大全》的編撰者則將其補入，附於《正蒙》之後。至於《新刊性理大全》所據《性理群書補注》的版本信息，則不得而知了。

《正蒙補注》所引二十一處童品《正蒙發微》的注釋，大多僅僅包括童品的注解文字，少有《正蒙補注》注釋內容，其中唯有《正蒙・神化篇》的「神不可致思」章的注解，在引用童品《正蒙發微》之後又有一句：「愚謂：『存虛明，久至德』，所以存神，『仁之至』也；『顯變化，達時中』，所以順化，『義之盡』也。『微』謂神之妙，『彰』謂化之著。」〔註8〕二十一處「童品《發微》」非吳訥所作，我們推測當出自《新刊性理大全》編纂者之手。

基於此，我們便可以斷定自《新刊性理大全》輯錄所成《正蒙補注》的作者是吳訥，也與上文所論吳訥曾經在作《性理群書補注》時注釋過《正蒙》的信息相一致了，王植贊成的《正蒙補注》作者為吳訥的「或曰」之說也得以證實。

總之，我們可以肯定的是吳訥注解過《正蒙》，而《新刊性理大全》中《正

〔註5〕吳訥：《性理群書補注・凡例》，明宣德九年本《性理群書》。「《啟蒙》」、「《太極》」分別指朱熹的《易學啟蒙》和周敦頤的《太極圖說》。
〔註6〕吳訥：《性理群書補注・序》，明宣德九年本《性理群書》。
〔註7〕嚴本：《性理群書補注・後跋》，明宣德九年本《性理群書》。
〔註8〕《新刊性理大全》卷五，明嘉靖十七年本。

蒙》之「補注」所引用《正蒙發微》是晚於吳訥的童品所作。在認同二十一條《正蒙發微》是《新刊性理大全》編撰者所收錄的推測下，我們遵循王植的觀點，判定吳訥為《正蒙補注》的作者。

第二節　吳訥其人其學

一、吳訥生卒年考定

　　吳訥，字敏德，別號思庵，人稱其思庵先生，江蘇常熟人，卒後於弘治初贈諡「文恪」〔註9〕。有關吳訥的生平事蹟，在《吳都文粹續集》、《明實錄》、《（正德）姑蘇志》、《（嘉靖）常熟縣志》、《明史》等書籍皆有記載，其中最具權威的當屬收錄於錢穀《吳都文粹續集》卷四十四徐有貞撰寫的《明故通議大夫都察院左副都御史思庵吳公神道碑》。徐有貞是吳訥的弟子，其對吳訥的德行、學問、為官經歷都極為瞭解，並且該碑銘也是應吳訥親人之約而作，其中所載吳訥信息皆可信。〔註10〕

　　吳訥的神道碑文中明確記載著「公生洪武壬子，享年八十有六」，〔註11〕據此可知吳訥生於洪武五年即1372年，卒於天順元年即1457年。這與《明英宗實錄》吳訥卒於「天順元年」、明人王鏊《（正德）姑蘇志》吳訥「年八十六卒」〔註12〕以及《明史》卷一百五十八吳訥「家居十六年而卒，年八十六」〔註13〕的記載正相一致，而《（嘉靖）常熟縣志》卷六與《（康熙）常熟縣志》卷十六稱吳訥卒時「年八十有二」，〔註14〕說法則為誤。吳訥生於1372年，卒於1457年，其屬明代初期學者，長明初著名學者曹端（1376～1434）四歲，宣德九年（1434）吳訥刊行《性理群書補注》而曹端逝世，所以《正蒙補注》所蘊含的哲學思想也可與曹端理學思想相互比較。

〔註9〕馮汝弼：《（嘉靖）常熟縣志》卷六，明嘉靖刻本。
〔註10〕徐有貞：《明故通議大夫都察院左副都御史思庵吳公神道碑》，錢穀《吳都文粹續集》卷四十四，清文淵閣四庫全書本。
〔註11〕徐有貞：《明故通議大夫都察院左副都御史思庵吳公神道碑》，錢穀《吳都文粹續集》卷四十四，清文淵閣四庫全書本。
〔註12〕《明英宗實錄》卷二百七十六，臺灣中央研究院歷史語言研究所校印本，1962年版。
〔註13〕萬斯同：《明史》卷二百七列傳五十八，清抄本。
〔註14〕馮汝弼：《（嘉靖）常熟縣志》卷六，明嘉靖刻本。高士鸃：《（康熙）常熟縣志》卷十六，清康熙二十六年刻本。

二、吳訥其人

　　吳訥早年喪母，且父親吳遵又宦遊他鄉，吳訥自立而一邊奉養祖母、繼母，一邊勤於學習。後來，任沅陵主簿的父親被誣而卒於京，吳訥乞求代父受罪未果而護柩葬父於祖塋。不久，祖母、繼母又相繼去世，家貧但喪葬不違禮制、不用佛法。之後，其還負責贍養無人照料的兩位外祖母。這些事情，說明了吳訥早年遭遇很多不幸，但是更突顯了吳訥踐行孝義、敢於擔當的品性。

　　永樂中，邑大夫授闕吳訥為校官而其未就。永樂末，吳訥以儒士被薦舉召試翰林院而授官，卻又因其善醫術而欲其教授醫學，〔註15〕終因懇辭而使其教授六卿子弟。吳訥得到明仁宗賞識，洪熙元年（1425）擢任監察御史，為官正直無憚，朝野敬畏之。繼而其巡按浙江，扶持綱常，削去附於《九經語孟碑》的秦檜記文，褒獎岳飛精忠。宣德元年（1426）巡按貴州，恩威並施，民眾愛戴而還朝時乞留吳訥。宣德五年（1430），吳訥升任南京右僉都御史，後又擢任南京左副都御史，在任上其執法依舊剛正不阿、言行侃卓。因遭人上書誣陷讒毀，吳訥於正統四年致仕歸家。〔註16〕

　　吳訥正統四年致仕之時，時任明禮部侍郎的王直為其作了《副都御史吳公致仕序》，稱「海虞吳公敏德，以清才奧學遭遇聖明，三遷而至都察院左副都御史。其正直之操，剛毅之氣，足以振憲紀，肅庶僚，隱然名重於當世。今年踰七十，而聰明日衰。遂上章乞致仕，上察其實，許焉。」〔註17〕《明英宗實錄》卷五十三、《明史》卷一百五十八與《（嘉靖）常熟縣志》卷六也都記載了吳訥於正統四年（1439）三月上疏請求致仕而得到朝廷准許之事。〔註18〕

三、吳訥其學

　　吳訥為仲雍後裔，父親自幼給他「日授《小學》、《四書》」，〔註19〕七歲時

〔註15〕王鏊《（正德）姑蘇志》卷第五十二所稱的吳訥「永樂間以醫學舉於京」恐誤，他書皆稱以儒學薦於朝。

〔註16〕徐有貞《明故通議大夫都察院左副都御史思庵吳公神道碑》；錢穀《吳都文粹續集》卷四十四；《明英宗實錄》卷二百七十六；王鏊《（正德）姑蘇志》卷第五十二；沈佳《明儒言行錄》續編卷一。

〔註17〕王直：《抑庵文集・後集》卷二十一，清文淵閣四庫全書本。

〔註18〕《明英宗實錄》卷五十三，「正統四年三月……都察院左副都御史吳訥，以年踰七十有疾，上疏乞致仕。從之。」臺灣中央研究院歷史語言研究所校印本，1962年版。

〔註19〕吳訥：《性理群書補注・序》，明宣德九年本。

因能摘誦《五經》、出口成章，師長皆看出其必成大器。〔註20〕吳訥為官前即以儒學聞名，初任是教授學生儒學。仕宦之暇，也不忘讀書著述。其博洽群書，弟子徐有貞稱讚他說「大江之東，稱德義者必首及公，而稱學術者，亦必首及公。……公為人端重純明，履方居約，不以窮達易所守。其學務遵儒先，闡經訓以淑人心、正士習，故凡為文章鑿鑿焉、斷斷焉，根據義理，有裨世教，不徒作也。」〔註21〕即吳訥在德性人品、學術文章兩方面都為當時楷模，也即彭韶所說的「古貌古心，學窺性理。孝義幼聞，實形踐履。」〔註22〕正統四年致仕後的十六年間，吳訥居家更是以治學、授徒、著述為業。

僅就吳訥之學，友人楊士奇稱「學正」，〔註23〕明代正統年間蔣忠稱吳訥「學行醇正，著書立言深通治體」，清代沈佳總結吳訥之學為「由博入約，自體達用，以行誼為先。」〔註24〕尤以《（嘉靖）常熟縣志》的評價最全面，其言：

> 「訥少以學自命，非聖之書不讀，文非關於世教不為。其於濂洛關閩諸子之書探討辨析，各有指歸，所見真其信篤，守其遺說，不必以文字著述求異於前人。……晚歲道望尤尊，接引學者，動以古誼為勉。考其行事，皆有實踐。恭儉廉靖，得之性成。官崇而不庇其家，望高而不駕於眾。完名高節，世鮮比倫，可謂篤道君子矣。……思庵吳公訥，生維新之運，當群儒凋喪之後，以完厚之資為篤實之學。有志乎許文正公衡，於是乎有《小學輯□》、《性理群書補注》之述。開示後學，迪之正途，使不迷於所適。其任重詣極，亦略相似，使其入贊樞要，參預大議，必有事功陰利萬物。少見世儒之效，乃僅出入法。從以雅道，貞則重於縉紳，豈其在當時尤有顧慮而不得行其志者耶！迨今學者去訥日遠，州里殊域不聞其事行聲欬，語正學必曰吳公，莫有異詞，嗚呼！何自致之？何自致之？然則篤學之流光，乃如此。」〔註25〕

〔註20〕徐有貞：《明故通議大夫都察院左副都御史思庵吳公神道碑》，錢穀《吳都文粹續集》卷四十四，清文淵閣四庫全書本。

〔註21〕徐有貞：《明故通議大夫都察院左副都御史思庵吳公神道碑》，錢穀《吳都文粹續集》卷四十四，清文淵閣四庫全書本。

〔註22〕王鏊：《（正德）姑蘇志》卷五十二，清文淵閣四庫全書本。

〔註23〕楊士奇：《性理群書補注·序》，明宣德九年本。

〔註24〕沈佳：《明儒言行錄》續編卷一，清文淵閣四庫全書本。

〔註25〕馮汝弼：《（嘉靖）常熟縣志》卷六，明嘉靖刻本。

　　吳訥治學宗奉儒家，特別是宋以來的新儒學，其中尤以朱熹之學為最。吳訥有感於朱熹詩集編纂的混亂，親自抄錄朱熹五言古詩二百首而為《晦庵詩抄》，並在該書自序中稱「宋室南遷，晦庵朱子以天挺豪傑之才，上繼聖賢之學」，對朱子的崇敬溢於言表。他認為唐代韋應物、柳宗元之後，詩道日晦，朱熹在繼聖賢絕學之暇也為文辭，讚揚其五言古體詩「沖遠古澹，實宗風雅而出入漢魏陶韋之間」、其「齋居感興之作，則又於韻語之中盡發天人之蘊，以開示學者」已經超邁漢晉詩人。〔註26〕吳訥八十歲時作《尊經閣記序》稱「作閣記，捨朱子之言，何以為言哉？……嗚呼！朱子集周、程、張、邵之成，以續孔孟之統，當時乃有記誦剽竊之弊。蓋朱子之學，雖不能行之於一時，而實大行於今日。則今日為師為弟子者，其可不以朱子之言為法為戒，以無負國家建學毓賢之意乎。」〔註27〕吳訥認為朱熹是周敦頤、二程、張載和邵雍的集大成，是繼承孔孟道統的豪傑，學者都應以朱子之學為宗旨，以朱子之言為法戒。即使是朱熹的詩歌，吳訥不吝讚揚，稱其「盡發天人之蘊，以開示學者」。

　　吳訥之學以朱子為宗，故而也深研元代朱子學學者吳澄的思想，注解、整理他們的書籍。吳訥著述，包括其著作的和編輯的兩類。其著有《文公先生小學集解大成》、《性理群書補注》、《性理字訓》、《文章辨體》、《思庵集》、《思庵續集》、《思庵詩集》、《思庵先生文萃》、《思庵先生題跋》、《吳訥文集》、《吳文恪公大全集》，編輯有《晦庵文鈔》、《晦庵詩鈔》、《吳草廬輯粹》、《草廬吳先生文粹》、《宋元百家詞》、《棠陰比事附錄》、《祥刑要覽》。其中存世的有：天順八年（1464）海虞王濟刻本和嘉靖三十四年（1555）湖州府徐洛刻本的《文章辨體》五十卷、宣德九年（1434）刻本《性理群書補注》十四卷、嘉靖十九年（1540）刊本《晦庵文鈔》十卷、清抄本《思庵先生文萃》十一卷、學海類編排印本《棠陰比事附錄》四卷、《文公先生小學集解大成》、嘉靖刻本《祥刑要覽》三卷、一九四零年商務印書館排印本和天津古籍出版社影印明朱絲欄抄本《宋元百家詞》一百三十一卷、光緒三十一年本《思庵先生題跋》、清抄本《吳文恪公大全集》十卷、宣德九年本《草廬吳先生文粹》五卷。由此，我們亦可窺測到吳訥治學之勤奮、著作之豐富，以及研究領域之廣泛。

〔註26〕程敏政：《明文衡》卷四十三，四部叢刊景印本。
〔註27〕吳訥：《尊經閣記》，錢穀《吳都文粹續集》卷六，清文淵閣四庫全書本。

第三節　氣體與氣用

一、太虛非太極

　　如前所述，關於《正蒙》中的太虛，程朱是持批評態度的，尤其是朱熹在理本體的基礎上批評張載將太虛作為「道體」其實是夾雜著氣的、是誤認形而下之氣為形而上之道了，其說「如以太虛、太和為道體，卻只是說得形而下者，皆是『發而皆中節謂之和』處。……如『太和』、『太虛』、『虛空』云者，止是說氣」等。〔註28〕《正蒙集釋》則在朱熹以理解太極的基礎上，對太虛、太極作了多個方面的界定，提出「太虛即太極也」的觀點。

（一）以周糾張

　　朱熹對張載太虛的批判，是站在自己的理論體系上的，其遵循的原則不是以張載解張載，而是以周敦頤詮釋張載。因為，朱熹出於其理學思想架構的考慮，推崇周敦頤《太極圖說》，將太極解釋為理亦即「太極，理也」〔註29〕、無極解釋為無形，「無極而太極」便是對本體之理所具有的形而上之無形性的描述。就朱熹理氣思想淵源於周敦頤思想，以及其據此展開批評張載《正蒙》的學術問題，錢穆在《朱子新學案》中給予準確判定，其稱「二程謂橫渠《正蒙》下語多有未瑩，朱子接受二程此番意見，其論理氣，主要根據為濂溪之《太極圖說》，而以橫渠《正蒙》為副」和「朱子並重濂溪橫渠，初無軒輊，然至晚年《語類》中意見又不同，其比論《正蒙》與《太極圖說》，顯主《圖說》以糾《正蒙》」。〔註30〕另外，陳來也認為朱熹理氣觀的理論根源出自於周敦頤《太極圖說》，其稱「朱熹以《太極圖說》首句為『無極而太極』，又以『理』來解釋太極，這就明確地把周敦頤的《太極圖說》納入『理』學的體系裏來。」〔註31〕可見，朱熹理氣觀源於周敦頤，「以周敦頤為主，張載為副，而且，朱熹還以周『糾』張」。〔註32〕

　　朱熹以周敦頤為道學宗主，納《太極圖說》於其理學體系後，轉而在面對

〔註28〕黎靖德編：《朱子語類》卷九十九，中華書局，1986年版，第2532、2533頁。
〔註29〕黎靖德編：《朱子語類》卷九十四，中華書局，1986年版，第2376頁。
〔註30〕錢穆：《朱子新學案》，巴蜀書社，1986年版，（上冊）第25頁，（中冊）第805頁。
〔註31〕陳來：《朱子哲學研究》，華東師範大學出版社，2000年版，第77頁。
〔註32〕林樂昌：《張載理觀探微——兼論朱熹理氣觀與張載虛氣觀的關係問題》，《哲學研究》，2005年第8期，第30頁。

張載時就出現了挾周敦頤以釋張載太虛的現象。朱熹曾經說：

　　　問：「太虛便是《太極圖》上面底圓圈，氣化便是圓圈裏陰靜陽動否？」曰：「然。」〔註33〕

　　　問：「橫渠『太虛』之說，本是說無極，卻是說得『無字』？」曰：「無極是該貫虛實清濁而言。『無極』字落在中間，『太虛』字落在一邊了，便是難說。聖人熟了說出，便恁地平正，而今把意思去形容他，卻有時偏了。明道說：『氣外無神，神外無氣。謂清者為神，則濁者非神乎？』後來亦有人與橫渠說。橫渠卻云：『清者可以該濁，虛者可以該實』，卻不知『形而上者』還他是理，『形而下者』還他是器。既說是虛，便是與實對了；既說是清，便是與濁對了。如左丞相大得右丞相不多。」問曰：「無極且得做無形無象說？」曰：「雖無形，卻有理。」又問：「無極、太極只是一物？」曰：「本是一物，被他恁地說，卻似兩物。」〔註34〕

　　第一則中，有弟子向朱熹請教，以周敦頤所傳《太極圖》比擬張載的太虛和氣化，提出是否可以將太虛解釋為《太極圖》上面的圓圈，而把氣化界定為圓圈之中的陰靜陽動。在此，該弟子直接以周敦頤無極解讀張載太虛，朱熹給予了肯定回答，只是以周解張。第二則中，則從以周解張發展為以周糾張，並進而對張載提出批評。該弟子稱張載太虛之說本來是為了說明周敦頤的無極，但是最終卻落入無的窠臼。朱熹就這一問進行了詳細回答，他繼承程顥批評張載《正蒙》的傳統，認為無極中道而立該貫虛實清濁，而本身即為虛的太虛則不能兼容清濁虛實，因為清濁虛實是相對的。

　　最終，朱熹在其太極為理、「無極太極只是一物」的觀點下，批評張載割裂了有無、虛實。在此，朱熹不但不顧及張載「有無混一」的思想，也摒棄了其自己早期時而還在理上界定張載太虛的思想，繼承了二程留下的批評《正蒙》「清虛一大」的衣缽。可見，朱熹的以周糾張，其實質是以朱解張。

（二）太虛非太極

1. 終不及周子

　　朱熹以周糾張的做法，影響了後來學者對《正蒙》太虛的解讀，如其弟子

〔註33〕黎靖德編：《朱子語類》卷六十，中華書局，1986年版，第1430頁。

〔註34〕黎靖德編：《朱子語類》卷九十九，中華書局，1986年版，第2533頁。

陳埴在解釋張載「由太虛，有天之名」時就曾經說「從太虛上看，則謂之天，天為太極是也」，〔註35〕天是太極、是理，而太虛則僅僅表示天之無形性。前文所論《正蒙集釋》，更是承襲朱子，提出「太虛即太極也」的觀點。

　　「太虛無形」，猶言太極本無極也。……千載之下，惟張子能契《中庸》之旨也。夫然終不及周子「無極而太極，太極本無極」之說也。〔註36〕

　　若謂虛能生氣，則虛者無窮之名，器者有限之物，體用懸絕，入於老氏有無自然之論，不識有無混一之常。蓋無而無極，有而太極。太極又本於無極，又含太極之道也。有生於無，是無為本根，有為枝葉，豈通一無二之道乎？〔註37〕

　　太極在中，本無也、虛也，故曰無極。然無而有，虛而實，故曰太極是通為一物。氣理皆具者，性也。〔註38〕

　　性者，吾心之理也。理則通達無間，自太極之有，而極於無極之無，無物不有者也，氣則不過其一物耳。〔註39〕

以上四章內容，分別是《正蒙集釋》對《正蒙・太和篇》之「太虛無形」章、「知虛空即氣」章和《乾稱篇》之「有無虛實」章、「性通極於無」章的解釋。其以無極、太極詮釋張載《正蒙》中的有與無，「有無虛實通為一物」即是太極本無極，太極便是能夠貫通有無、虛實者。張載以「虛空即氣」駁斥道家「有生於無」的自然之論，而《正蒙集釋》則將張載的「有無混一」解釋為周敦頤的「無極而太極」，這是對朱熹「無極太極本一物」思想的繼承。

張載講「合虛與氣，有性之名」，《正蒙集釋》則從無極而太極的角度出發，以通達無極之無與太極之有的理代替張載之虛，直言「氣理皆具者，性也」。《正蒙集釋》將「太虛無形」解釋為「太極本無極」，雖然稱讚張載能夠領悟《中庸》真諦，但是其根本上還是認為張載之說不及周敦頤的「無極而太極，太極本無極」。

2. 太虛說無極

《正蒙集釋》雖然承襲朱熹以無極太極解《正蒙》的傳統，但是其在解釋

〔註35〕《新刊性理大去》卷五，明嘉靖十七年本。
〔註36〕《新刊性理大去》卷五，明嘉靖十七年本。
〔註37〕《新刊性理大去》卷五，明嘉靖十七年本。
〔註38〕《新刊性理大去》卷六，明嘉靖十七年本。
〔註39〕《新刊性理大去》卷六，明嘉靖十七年本。

「一物兩體者，氣也」時所提出的「太虛即太極」與朱熹在《朱子語類》中以周敦頤糾正張載時提出的太虛為無極的界定則迥然不一，上文已論，此不贅言。《正蒙補注》對張載太虛的解讀也富有特點，其認為張載太虛不是太極，並進而批評《正蒙集釋》「太極即太虛也」的思想。

吳訥在注解《正蒙·太和篇》的第二章「太虛無形，氣之本體，其聚其散，變化之客形爾；至靜無感，性之淵源，有識有知，物交之客感爾。客感客形與無感無形，惟盡性者一之」時，提出了太虛非太極的觀點。

> 「太虛無形」，即氣之本體；在人，「至靜無感」即「性之淵源」，道之體也，萬殊之所以一本也。「其聚其散，變化之客形」，是氣之流行；在人，「有識有知，物交之客感」，是性之發見，道之用也。一本之所以萬殊也，體用一原，隱顯無間，惟窮理盡性之人能一之也。說者皆謂張子曰太虛為太極，不知張子言「太虛無形，氣之本體」，猶周子所謂陰靜；「其聚其散，變化之客形」，猶周子所謂陽動。而其所以神化之妙，是太極也。若張子果如說者，以太虛為太極，何後篇又言太極耶？又謂橫渠太虛之說本是說無極，其說近是。蓋周子所謂「無極而太極」者，言無極之中陰陽未分，而有太極之理。至動極而靜，靜極復動，分陰分陽，方見太極之妙，「太極本無極」也。正如張子言太虛無形之中有神化之理，至其聚其散，方見神化之妙，神化本無形也。〔註40〕

在此，《正蒙補注》提及兩種對《正蒙》「太虛」的解釋，一是「太虛為太極」，一是「太虛本是說無極」。第一種解釋即是《正蒙集釋》「太虛即太極」的觀點，吳訥對之提出了批評，指出其未能理解《正蒙》的「太虛無形，氣之本體」和「其聚其散，變化之客形」。《正蒙補注》以周敦頤《太極圖說》中的「陰靜陽動」對張載這兩句話作出解釋，其中前者如同周敦頤的「陰靜」，後者就是「陽動」，而陰陽之所以靜動互生、神化莫測的原因則是太極。

可見，《正蒙補注》從陰靜陽動的角度界定了太虛，而太極又是太虛的所以然者，太虛不是太極，二者有本質區別。另外，《正蒙補注》還稱如果此處張載講太虛是太極，那麼《正蒙》後文就沒有必要再言太極。相較之下，《正蒙補注》則認可第二種解釋，稱「其說近是」。太虛本說無極的觀點，淵源於朱熹，是上文所論《朱子語類》中弟子向朱熹的提問之一，即「太虛之說本是

說無極，卻是說得無字？」朱熹的問答認可了弟子的判斷，稱張載太虛有一偏之弊，即張載太虛說的是周敦頤無極，但是最終只講到無，而忽略了極。基於此，《正蒙補注》將周敦頤「無極而太極」詮釋為「無極之中陰陽未分，而有太極之理」，將「太極本無極」解讀為氣之動靜而分陰分陽，並進而以張載「太虛」比附周敦頤「無極」、以「神化之理」匹配「太極之理」。

同樣以周敦頤「無極而太極」理論模式解讀張載思想，《正蒙補注》與《正蒙集釋》的觀點則截然相反。吳訥認為張載太虛相當於周敦頤「無極而太極」的無極，而不是《正蒙集釋》所說的太極。在周敦頤，「無極而太極」的意思是說：無極之中陰陽二氣混然未分，而太極之理已經存在其中了，待極靜而動、陰陽相分之時則可見太極之理的神妙。對於張載，「太虛無形」蘊含的哲理是：太虛無形之中陰陽寂然未動，而神化之理已經存在其中了，待陰陽變化為聚為散之時，則可見神化之理的奇妙。

《正蒙補注》對《正蒙集釋》的「太虛即太極也」觀點提出批評，那麼其又是如何具體界定《正蒙》太虛的呢？

二、氣論體系

氣是中國哲學重要範疇之一，其貫穿於哲學史始終，歷代學者不乏論氣者。氣也是張載哲學的重要範疇，其賦予張載哲學鮮明特點，並且與張載哲學中的虛、性、道等概念有著密切聯繫。《正蒙補注》不贊成《正蒙集釋》以太虛為太極的思想，指出太虛應當為無極、為氣之體。在吳訥看來，氣有體用，太虛是氣之體，太和是氣之用。

（一）氣論概說

張岱年在其撰著於二十世紀三十年代的《中國哲學大綱》中稱：「在中國哲學中，注重物質，以物的範疇解說一切之本根論，乃是氣論。中國哲學中所謂氣，可以說是最細微最流動的物質，以氣解說宇宙，即以最細微最流動的物質為一切之根本。西洋哲學中之原子論，謂一切氣皆由微小固體而成；中國哲學中之氣論，則謂一切固體皆是氣之凝結。亦可謂適成一種對照。」〔註41〕僅從宇宙生成論的層面看，張岱年對氣論所下定義非常具有理論意義，我們在此所言氣論與其有所不同。

〔註41〕張岱年：《中國哲學大綱》，《張岱年全集》第二卷，河北人民出版社，1996年版，第72、71頁。

氣字於甲骨文時代即已經出現,《國語‧周語上》記載西周伯陽父曾經在「夫天地之氣,不失其序」基礎上以陰陽失序導致地震河竭附會朝代更替,《左傳‧昭公元年》卷四十一中將陰陽歸於天之「六氣」,這些有關氣的論述都屬散論,氣的哲學義涵還不是很明顯。至《周易‧彖傳》之「二氣感應相與……天地感而萬物化生,聖人感人心而天下和平」和《周易‧繫辭下》之「天地絪縕,萬物化醇。男女構精,萬物化生」,氣就被賦予了化生萬物的哲學義涵,源於天地據於陰陽而人物皆得以生成。僅從宇宙生成論的角度看,《老子》四十二章的「道生一,一生二,二生三,三生萬物。萬物負陰而抱陽,沖氣以為和」和《莊子‧知北遊》的「人之生,氣之聚也。聚則為生,散則為死。若死生為徒,吾又何患。故萬物一也。是其所美者為神奇,其所惡者為臭腐。臭腐復化為神奇,神奇復化為臭腐。故曰『通天下一氣耳』。聖人故貴一」,都是在強調氣、沖氣、一氣、陰陽二氣之於世間萬物生成變化的重要意義,特別是老子提及的萬物與陰陽的抱負關係、莊子所首倡的以氣的聚散解釋生死和通天下一氣的思想,對以後中國哲學的宇宙論包括生成論和本體論兩個層面都產生了重要影響。

《管子》中有「根天地之氣」思想,明代劉績《管子補注》卷二將這句話解讀為「根,元也。生萬物者,天地之元氣也」,即天地之氣生成世間萬物。《周易》天地絪縕生萬物的思想是相一致的,但是同《老子》經過了「道、一、二、三」才得以生萬物的思想不同,《老子》的講法與漢代《淮南子‧天文訓》所言「道始於虛廓,虛廓生宇宙,宇宙生元氣」的道、宇宙、元氣模式相仿。漢唐學者多援引道家思想,以元氣解釋宇宙萬物,《白虎通》的「元氣,生萬物之祖也」、〔註42〕《白虎通義》卷上的「人無不含天地之氣,有五常之性」、唐代呂岩《呂子易說》中的「陰陽一元氣也,非有二也」,〔註43〕都屬宇宙生成論層面的氣論。

(二)氣之體用

《正蒙補注》基於張載氣論思想,提出了「太虛為氣之體」、「太和為氣之用」的氣論思想。

1. 張載之氣

關於張載氣論思想學術界已有很多研究,由於對張載核心概念太虛解讀

〔註42〕佚名:《群書通要》甲集卷一,清嘉慶宛委別藏本。
〔註43〕呂岩:《呂子易說》卷上,清乾隆曾燠刻本。

的不同，張載氣論也出現了多樣性詮釋。〔註44〕

其中，多數人受近現代唯物主義觀念的影響將張載之氣界定為本體，在將太虛詮釋為氣的基礎上稱張載是氣一元論或唯物論。正如有學者指出，〔註45〕熊十力首論張載思想是唯物論。熊十力稱「他底形而上學，是主張氣為實體的，也可叫做氣一元論。我嘗說他是儒家底唯物論派。他確是有別致的。他底學說為二程所掩，沒有真識得。直至明末，才得王船山先生，算是他底私淑弟子。船山宗氣一元論，推衍其說，以為神者氣之靈，理者氣之理。確是子厚先生底本旨。他兩人雖以氣為實體，卻不看重氣底本身，而偏看重氣之靈和氣之理。他們以為天之道，人之性，就在這氣之靈和氣之理上說。這神和理雖即氣之發現，而倒是主宰乎氣的。若是氣沒有發現這神和理來，他也就是頑冥的物事了。所以他們許這神和理是至誠的，是真實的，是人得之以成性的。如此說來，他們這唯物論，卻不主張機械論，此又異乎西洋唯物論者矣。」〔註46〕熊十力將張載思想界定為氣一元論，受到兩方面的影響，一是王夫之在氣論層面對張載的解讀，一是西方唯物論思想，吸收前者而參照後者，其潛在地默認張載「太虛無形，氣之本體」中的太虛是氣。其後的馮友蘭和張岱年自覺地將「太虛無形，氣之本體」中的太虛詮釋為氣、氣的原本狀態，馮友蘭說「橫渠所謂太和，蓋指此等『氣』之全體而言。在其散之狀態中，此氣即所謂太虛。故橫渠謂『太虛無形，氣之本體。』」〔註47〕張岱年稱「張載的學說最宏偉淵博，他以氣及太虛說明宇宙。宇宙萬有皆氣所成，而氣之原始是太虛。氣即是最細微最流行的物質，太虛便是時空，以氣與太虛解說宇宙，實可謂一種唯物論」和「宋明哲學中所謂本體，常以指一物之本然，少有指宇宙之本根者。如張橫渠云：『太虛無形，氣之本體。』張子本以氣為宇宙之本根，又以氣之原始形態為太虛，

〔註44〕 參考王開府《張橫渠氣論之詮釋——爭議與解決》（http://www.fjdh.com/wumin/HTML/56038.html）和林樂昌《20世紀張載哲學研究的主要趨向反思》（《哲學研究》，2004年第12期）。

〔註45〕 李存山：《氣論對中國哲學的重要意義》，《哲學研究》，2012年第3期，第46頁。

〔註46〕 熊十力：《尊聞錄》，《熊十力全集》第一卷，湖北教育出版社，2001年版，第626頁。

〔註47〕 馮友蘭：《中國哲學史》，商務印書館，1934年版，第853頁。另，在同書第861頁，馮友蘭又在太虛為氣的基礎上對張載「合虛與氣，有性之名」提出批評，即「既云『太虛無形，氣之本體。』則所謂合虛與氣者，豈非即等於謂「合氣與氣」乎？」

所謂氣之本體，等於謂氣之本然。」〔註48〕

另有一些學者，不贊成張載哲學為氣本論，如熊十力的弟子牟宗三提出了太虛神體論。牟宗三不認同張載為唯物論，就張載哲學中虛氣關係，其認為是虛體氣用二而不二的關係，即「虛不離氣，即氣見神，體用不二之圓融之論也。」〔註49〕因之，他稱張載對道家的批評不準確，即「橫渠所謂『若謂虛能生氣，則虛無窮，氣有限，體用殊絕，入老氏有生於無之論，不識所謂有無混一之常』，此皆不諦之批評」，因為，基於虛體氣用，既可「縱貫」地講「虛能生氣」，也可「橫鋪」地講「虛氣相即」，而張載有滯於相即之嫌。〔註50〕牟氏認為氣在張載哲學中屬形下之域，虛則是形上本體，「太虛神體則不可視為氣之質性，認為屬氣。」〔註51〕

如何定性張載氣論，可謂仁者見仁，智者見智。詮釋的對象是作為人類精神載體或表徵的「文本」，詮釋者面對相同的文本往往因為詮釋角度不同而得出大相徑庭的詮釋結果。在某種意義上，中國哲學史就是對經典文本的詮釋史，這一源遠流長的歷史過程的基點是詮釋視角的差異性──詮釋主體在面對經典文本時所表現的歷史特徵和個體特質。故而，在面對《正蒙》宋元明清歷代注本時，很多內容被遮蔽了，其中就包括前文所論《正蒙集釋》以太虛為理的理本論觀點，以及《正蒙補注》以太虛為氣之體的觀點。

2. 氣之體用

（1）氣論體系

前文我們論及《正蒙補注》解讀《正蒙‧太和篇》的第二章「太虛無形，氣之本體，其聚其散，變化之客形爾；至靜無感，性之淵源，有識有知，物交之客感爾。客感客形與無感無形，惟盡性者一之」時，提出了太虛非太極的觀點，認為太虛本說無極。其立足於氣有體用，認為「太虛無形」便是氣之「本體」、「其聚其散」是氣之流行發用，並以周敦頤之陰靜、陽動與之相對照，之

〔註48〕張岱年：《中國哲學大綱》，《張岱年全集》第二卷，河北人民出版社，1996年版，第22、41、42頁。

〔註49〕牟宗三：《心體與性體》第一冊，《牟宗三全集》（第5卷），聯經出版事業公司，2003年版，第495頁。

〔註50〕牟宗三：《心體與性體》第一冊，《牟宗三全集》（第5卷），聯經出版事業公司，2003年版，第487、483、484頁。

〔註51〕牟宗三：《心體與性體》第一冊，《牟宗三全集》（第5卷），聯經出版事業公司，2003年版，第50頁。

所以陰陽氣化的根據是內在的太極之理。在此，吳訥已經在理氣結構下將太虛詮釋為氣了。

在此之前，《正蒙補注》在解讀《正蒙·太和篇》的「太和所謂道」章時，已經提出「太虛為氣之體」、「太和為氣之用」的觀點。

> 「太和」即太虛，陰陽沖和之氣也。一陰一陽所以運行者，則謂之道。「中涵浮沉、升降、動靜、相感之性」，是言其體；「是生絪縕、相蕩、勝負、屈伸之始」，是言其用。絪縕交蕩，其勢若有不能自己者，而勝負屈伸皆自此始。其初來也「幾微易簡」，其究極也「廣大堅固」，此以其流行者言也。知猶主也，故呈也，法謂造化之詳密而易見者。起知於上，便能始物而無所難，為乾；效法於下，皆從乎陽而不自作，為坤，此以其生物者言也。散為萬殊、有象可見為氣，即所謂生物者也；清明通達、無象可見為神，即所謂流行者也。「野馬」謂天地間氣其絪縕交密，如野馬馳也。「道」謂天道，「易」謂《周易》。所以論天道者也，苟不知此「道」，不見此「易」，雖有周公才美，不過虛能技藝之美，奚足以稱其智哉！愚謂：「《正蒙》以太虛為氣之體，其理謂之神，又謂之性，所以狀道之體；太和為氣之用，其理謂之化，又謂之命，所以狀道之用。朱子以太虛、太和皆為道體，又謂是形而下者，恐非張子之本意。」〔註52〕

《正蒙補注》以體用為原則，將《正蒙》的太虛詮釋為氣之體，陰陽（太和）為氣之用；神、性是太虛之氣的理，化、命是陰陽二氣之化。吳訥稱「《正蒙》以太虛為氣之體，其理謂之神，又謂之性，所以狀道之體；太和為氣之用，其理謂之化，又謂之命，所以狀道之用。」分而言之，從體的層面看，氣之體是太虛（即太虛之氣），太虛之理（太虛之氣的理）為神、性，神和性說的是道之體；從用的層面講，氣之用是太和（即陰陽沖和之氣），太和之理（沖和之氣的理）為化、命，化和命指示道之用。從體用兩個層面出發，其關係大體如下：

氣之體→太虛（太虛之氣）→太虛之理（太極）→神（性）→道之體
氣之用→太和（沖和之氣）→太和之理（氣化）→化（命）→道之用

上一層是體，是無形而實有的，是靜的狀態。下一層是用，是有形而虛無

〔註52〕 《新刊性理大全》卷五，明嘉靖十七年本。

的，是動的狀態。這是《正蒙補注》之《正蒙》詮釋的精髓，而氣是這一詮釋體系的核心範疇，其他概念皆源自於氣。其中，氣之體便是指「氣之本體」，「本體」為氣的無形狀態。太虛之理與太和之理中的理，指得是規律、秩序。故而，吳訥才講：

> 「氣塊然太虛」語其體也，「升降飛揚，未嘗止息」是其用也。
> 〔註53〕

> 太虛乃氣之體，其理謂之神；陰陽氣之用，其理謂之化。神一而已矣，故「緩辭不足以盡神」。「化」則陽中有陰，陰中有陽，故「急辭不足以體化」。〔註54〕

> 「天所性者」，即太虛之理，……「天所命者」，即氣化之理。
> 〔註55〕

由此可見，上文中吳訥將「太虛無形」解為陰靜是從體上言的，屬無極，而「其聚其散」為陽動是從用上言的，屬太極。從體用一而不二的層面看：太和與太虛相即，其為陰陽沖和之氣，陰陽一旦發用流行則是原自有道，外現為化（命），內主於神（性），太虛之理不離太和之氣，亦即對於《正蒙補注》來說，太和即太虛、太極之理即陰陽之化、神化為一、性命不二、道之體即道之用。吳訥認為「體用一原，隱顯無間」，故而其整個詮釋體系的完整關係當如下：

氣之體→太虛（太虛之氣）→太虛之理（太極）→神（性）→道之體

氣之用→太和（沖和之氣）→太和之理（氣化）→化（命）→道之用

（2）氣論之展開

在這一體系中，氣是基點，理是關鍵點，道是終點。《正蒙補注》依據體用原則，對《正蒙》展開了多方面詮釋。

> 大抵張子本意謂太虛即氣，而人乃氣之所生，性即太虛之理。
> 〔註56〕

> 「仁」者，體之存，「知」者，用之發，故曰：「仁智合一存乎

〔註53〕《新刊性理大全》卷五，明嘉靖十七年本。
〔註54〕《新刊性理大全》卷五，明嘉靖十七年本。
〔註55〕《新刊性理大全》卷五，明嘉靖十七年本。
〔註56〕《新刊性理大全》卷五，明嘉靖十七年本。

聖」。〔註57〕

「生死」猶言氣之聚散,「其聚其散」皆氣之本體。〔註58〕

「未嘗無」者即太虛是也,所以為氣之本體。氣中之理,則謂
之「性」〔註59〕

仁者道之體,道者仁之用也。〔註60〕

直者,禮之體。和樂者,禮之用。〔註61〕

無在內,心之體也;有在外,心之用也。若聖人「無所不感者,
虛也」,即心之體,無之在內者也。「感即合也,咸也」,即心之用,
有之在外者也。〔註62〕

第一、「人乃氣之所生,性即太虛之理」,氣有體用,從宇宙生成論角度而
言,人是陰陽二氣化生而來。在此化生過程中,作為氣之體的太虛、氣化之理
的太極之理都參與其中,內化為人的性,表現為人的命。在此基礎上,《正蒙
補注》以太虛之理、氣中之理界定性、以氣之聚散界定生死、以道之體界定仁、
以仁之用界定道,仁體知用互詮,並且指出禮與心如同氣與道也有體用。張載
多言氣而少談理,其理有三,即天理、物理和禮理。〔註63〕《正蒙補注》之理
有太虛之理、陰陽二氣之理、太極之理等表達方式,而其存在形式雖有體用之
別,其義為規律和秩序,表現在物為自然之神化、體現在人則為道德之性命。

第二、指出朱熹解讀之誤。

朱熹曾經多次談及《正蒙》道體,淵源於二程對張載道體的批評。程顥認
為張載以「清虛一大」為道體,既違背了道體無方所的原則和形而上的規定,
稱「形而上者謂之道,形而下者謂之器。若如或者以清虛一大為天道,則乃以
器言而非道也。」〔註64〕朱熹的批評如下:

《正蒙》所論道體,覺得源頭有未是處,故伊川云:「過處乃在
《正蒙》。」……試教明道說,便不同。如以太虛太和為道體,卻只

〔註57〕《新刊性理大全》卷五,明嘉靖十七年本。
〔註58〕《新刊性理大全》卷五,明嘉靖十七年本。
〔註59〕《新刊性理大全》卷五,明嘉靖十七年本。
〔註60〕《新刊性理大全》卷六,明嘉靖十七年本。
〔註61〕《新刊性理大全》卷六,明嘉靖十七年本。
〔註62〕《新刊性理大全》卷六,明嘉靖十七年本。
〔註63〕林樂昌:《張載理觀探微》,《哲學研究》,2005年第8期,第24~26頁。
〔註64〕《二程遺書》卷十一,《二程集》,中華書局,第118頁。

是說得形而下者，皆是「發而皆中節謂之和」處。〔註65〕

　　《正蒙》說道體處，如「太和」、「太虛」、「虛空」云者，止是說氣。說聚散處，其流乃是個大輪迴。蓋其思慮考索所至，非性分自然之知。……然使明道形容此理，必不如此說。伊川所謂「橫渠之言誠有過者，乃在《正蒙》」；「以清虛一大為萬物之原，有未安」等語，概可見矣。〔註66〕

　　問：「橫渠說『太和所謂道』一段，考索許多亦好。其後乃云：『不如野馬絪緼，不足謂之太和』，卻說倒了。」曰：「彼以太和狀道體，與發而中節之和何異！」〔註67〕

　　在此，朱熹首先判定張載是以太虛、太和為道體的，然後批評說張載「只是說得形而下者」、「止是說氣、說聚散處」。《正蒙補注》在其氣之體用觀點的基礎上，指出了朱熹對張載道體批評的錯誤，認為「朱子以太虛、太和皆為道體，又謂是形而下者，恐非張子之本意」。太虛、太和有體用之分，可以從氣上言，也可以從道上論，吳訥以太虛為氣之體、太和為氣之用，並以之分別與道體、道用相匹配。一方面，太虛為道體，太和不是。另一方面，太虛是形而上者。

　　第三、氣論之究竟義。《正蒙補注》認為，氣為元氣，人物皆為氣所生，理氣關係中氣為主宰。

　　《正蒙補注》解讀《正蒙·太和篇》之「由太虛，有天之名」章時稱：

　　上二句即申明前章「太虛無形」四句意，下二句即申明前章「至靜無感」四句意。沈毅齋曰：「天下固未有無理之氣，亦未有無氣之理。有陰陽則有水火金木者，氣也；有健順則有仁義禮智者，理也。氣非理則無所承，理非氣則無所附。是故未有陰陽已有太極，未有此氣已有此理。推所從來，固不無先後之道，然言太極則已不離乎陰陽，言性則已不離氣質。有則俱有，又豈別為一物而有先後之可言哉！」〔註68〕

　　吳訥將此章與同篇第二章互釋，認為「由太虛有天之名，由氣化有道之名」兩句說的是「太虛無形，氣之本體。其聚其散，變化之客形爾」四句之意，「合

〔註65〕黎靖德編：《朱子語類》卷九十九，中華書局，1986年版，第2532頁。
〔註66〕黎靖德編：《朱子語類》卷九十九，中華書局，1986年版，第2533頁。
〔註67〕黎靖德編：《朱子語類》卷九十九，中華書局，1986年版，第2533頁。
〔註68〕《新刊性理大全》卷五，明嘉靖十七年本。

虛與氣有性之名，合性與知覺有心之名」兩句義涵便是「至靜無感，性之淵源。有識有知，物交之客感爾」四句之義涵。《正蒙補注》氣論詮釋體系正是從「太虛無形」章發揮而得，即上文所揭示的氣之體用主宰下的理與氣、太極與氣化、神與化、性與命共同組合的體系。基於此，吳訥援引宋代學者沈貴珤之語以表達自己的意思。

沈氏稱「天下固未有無理之氣，亦未有無氣之理。有陰陽則有水火金木者，氣也；有健順則有仁義禮智者，理也。氣非理則無所承，理非氣則無所附」，強調理氣共存，彼此不可離，理皆有氣，氣皆有理。氣是世間萬物得以存在的物質性質料，而理則是世間萬物的道德性秩序。理依附於氣，氣承接於理。雖然沈氏也知曉朱子之學邏輯意義上的理先氣後理論，即「未有陰陽已有太極，未有此氣已有此理」，但是不贊成它。認為說太極則已存在陰陽中，提及性則已附於氣質內，理氣互具共存，故而只認可朱子學的理氣相即不離一層，拋棄了容易導致理氣隔絕的理氣先後說。沈貴珤先後從學於朱熹門人董銖、程端蒙和黃榦，是朱熹三傳弟子，其所論理氣是對朱熹理氣觀的修正性繼承，這種做法也影響了明代曹端、薛瑄對朱熹理氣思想的取捨與判定。

然而，以氣論體系詮釋《正蒙》的吳訥在此引用沈貴珤之語，則進一步消解了朱熹理氣思想。《正蒙補注》在解讀《正蒙·乾稱篇》的「太虛者，氣之體」章時稱：

> 太虛者，即氣之本體，所謂減得一尺地，遂有一尺氣是也。神，即太虛之理，所謂虛空之中有太極之理是也。……蓋張子以人物皆太虛之氣所生，故死則依舊是太虛之氣，如冰之釋而復為水者相似，此正形容天地萬物為一體之意。而先儒數辨其非，亦求道之過也。〔註69〕

「太虛者，即氣之本體，……神，即太虛之理」，太虛是形上之氣，所以稱太虛之氣，而神是太虛之理，是太虛之氣中蘊含的太極之理。這種理氣關係，在其以氣為主宰的理論體系中，完全異於朱熹以理為主宰的理氣關係。《正蒙補注》稱人和物皆是「太虛之氣所生」，就程朱對張載以氣之聚散詮釋生死的批評，其據此予以反駁，認為「先儒數辨其非，亦求道之過也」。最為關鍵的是，《正蒙補注》明確提出，其氣論體系的核心之氣是元氣。在解讀《正蒙·太和篇》的「氣块然太虛」章時，其稱「『氣块然太虛』，語其體也；『升降飛揚，未嘗止息』，是其用也」，其在氣之體用理論基礎上認為太虛之氣即是元氣，

〔註69〕《新刊性理大全》卷六，明嘉靖十七年本。

故而援引宋代學者葉采的注文以為證，即「『塊然』，盛大氤氳之義。塊然太虛，周流上下，亙古窮今，未嘗止息者，元氣也。」〔註70〕這種元氣有體有用，在體的層面上說即是太虛（太虛之氣），從用的層面上說即是太和（陰陽化生之氣）。

在朱熹，理氣之間存在著既有先後又無先後的宇宙本體論和宇宙生成論雙重關係；在沈貴珆，理氣則偏重於只有相即不離的宇宙生成論關係了；到了吳訥，因為理是太虛之氣的理，氣具有統攝理氣、性命、生化之體用關係的地位，理氣已經是氣一元論主宰下的理氣，朱熹理主宰下的理氣觀被消解殆盡。明代薛瑄和王廷相在張載思想的影響下，也分別對朱熹理氣觀作了修正和解構，薛瑄近於沈貴珆，而王廷相則更似吳訥。在充分論證氣一元論的基礎上，王廷相辨析了張載的理氣思想。吳訥雖未就其提出的元氣展開更為系統充分的論證，然而他能夠在明代初期早於王廷相提出這種體用相即的氣一元論思想，也有著非常重要的學術意義和價值。

第四節　以氣學解讀《正蒙》

《正蒙補注》認為太虛不是理，太虛是陰陽未判的元氣，而理依附於太虛元氣。《正蒙集釋》秉承朱子學，雖然有時也稱太虛為氣，而更傾向於將太虛解釋為太極、理。吳訥同樣宗奉朱子學，所以他才贊同得到朱熹認可的「《正蒙》本是說無極，卻是說無」。《正蒙集釋》與《正蒙補注》對《正蒙》太虛解釋之不同，源於朱熹對張載太虛解讀的複雜性，即朱熹在消解、糾正張載太虛時兼論「太虛……只是說氣」與「『由太虛有天之名』，這全是說理」。〔註71〕《正蒙集釋》和《正蒙補注》的出發點本來就有差異。《正蒙集釋》以朱熹太極為理的觀點直接代替張載太虛，以朱子學的理氣體系解構《正蒙》的虛氣體系。《正蒙補注》則是將太虛詮釋為氣，進而援引朱熹太極之理來解讀《正蒙》，本想以朱熹理氣論為準解構張載虛氣思想。但是，其以太虛為氣之體、太和為氣之用的氣論為核心建構的詮釋體系，最終卻導致了朱熹理氣論在《正蒙》詮釋過程中的消解。

〔註70〕《新刊性理大全》卷五，明嘉靖十七年本。

〔註71〕黎靖德編：《朱子語類》卷九十九、卷六十，中華書局，1986年版，第2533、1431頁。

　　也許緣於《正蒙補注》對朱子學的偏離，在《新刊性理大全》與《性理會通》之外的《正蒙》注解類書籍很少關注它。《宋元學案》卷七十的「橫渠學案」，在《正蒙》後附有多家《正蒙》注，其中未有《正蒙補注》。但是，《正蒙補注》的太虛、太和分體用的思想為其後多家注者繼承，李光地便是其中代表。清代有三位學者關注到《正蒙補注》，一是冉覲祖，其多批評《正蒙補注》，如其認為《正蒙補注》以氣論為主分生物、流行來解《太和篇》第一章是錯誤的，〔註72〕二是李光地，其在《性理精義》中節錄了《正蒙補注》六條釋文，又在《注解正蒙》中暗引多條，繼承了《正蒙補注》的一些思想；三是王植，他在《正蒙初義》中對《正蒙補注》的作者、注文的優劣等作了頗多討論，內容有褒有貶。

　　以氣解張是《正蒙補注》最大的特點，以氣論為核心詮釋《正蒙》肇始於《正蒙補注》，明代中期王廷相等人的氣論思想以及王夫之《張子正蒙注》對《正蒙》的詮釋與《正蒙補注》都有異曲同工之妙。同時，《正蒙補注》也不失為近現代以來張載哲學氣本論觀點的思想淵源之一。《正蒙補注》的氣論體系始於氣，而終於道。在體用兩個層面的分疏之外，氣論體系還可以分為三個階段，第一階段是氣之體用與太虛、太和，第二階段是太虛之理與太和之理，第三階段是神化、性命與道之體用。其中，第一階段與第二階段是氣與理的關係，第二階段與第三階段是理與道的關係。第二階段的理是《正蒙補注》氣論體系的紐結，尤其是本體層面的太虛之理（太極）很大程度上被賦予了道德價值義涵，發用層面的太和之理則是指規律、條理。這種解讀，雖然與二十世紀以來張載研究中的氣論觀點有相同之處，即都以氣作為詮釋核心。但是，兩者所言之氣的內涵也有不同，從而使得它們相異的方面更多。《正蒙補注》的元氣是附帶著道德性，也就是本體層面第一個階段與第二個階段之間的聯繫，本體之氣是太虛，太虛之理是太極（天理），作為萬物成化淵源的本體之氣與道德價值性的理緊密聯繫在一起。由此，《正蒙補注》最終的指向是道德性的道之體與道之用，即雖然《正蒙》以氣論體系為核心但是不失其儒家道德價值特色。而近現代《正蒙》氣論研究者，最終將張載哲學思想定性為唯物主義，導致張載哲學思想中道德價值層面被遮蔽甚至批評，也導致了所謂張載哲學思想為二元論和張載哲學思想自相矛盾的論述。

　　不過，《正蒙補注》的《正蒙》注解史意義，應當是最值得我們關注的。

〔註72〕林樂昌：《正蒙合校集釋》上冊，中華書局，2012 年版，第 12、13 頁。

宋代以來的《正蒙》注解著作，多是以朱熹理學為解釋宗旨的。《正蒙補注》自覺地批評朱熹，在對《正蒙》的注解中擺脫了以往的朱子學傳統。不論《正蒙補注》是否注解出了《正蒙》原意，其提示我們應當適當地評價朱子學對《正蒙》注解史的意義和影響，而不是一概歸之於《正蒙集釋》所秉持的朱子學注解模式。

第五章　天即太虛——《正蒙會稿》

　　劉璣《正蒙會稿》是現存《正蒙》明代注中第一部單行刊刻的注本，在其之前雖然有四家注，但是，其中朱謐《正蒙述解》和章品《正蒙發微》兩家已經亡佚，佚名《正蒙集釋》和吳訥《正蒙補注》是我們從《新刊性理大全》中輯錄而得，二書未曾有單行本傳世。劉璣是明代前中期關學學者，〔註1〕《正蒙會稿》也是今天所能夠見到的關中地區第一部《正蒙》注解著作，其在關學史與《正蒙》注解史上有著重要的地位和研究意義。《正蒙會稿》中最有特點的哲學思想是其在解讀《正蒙》過程中所闡發的「天即太虛」論，從中也可以看到劉璣對《正蒙集釋》的繼承以及其融合朱子學的明代關學特點。

第一節　劉璣與《正蒙》

一、劉璣其人

　　劉璣（1457～1533），字用齊，號近山，陝西咸寧人，成化十七年（1481）進士。關於劉璣的生平履歷，明清史志的記載皆不完備。我們於明代焦竑編纂的《國朝獻徵錄》中，發現了許宗魯為劉璣撰寫的墓誌銘。許宗魯（1490～1559），字伯誠，又字東侯，號少華山人，陝西咸寧人。許宗魯為劉璣撰寫了

〔註1〕有關關學概念界定、階段劃分等問題，學術界有不同的觀點。在本章論述中，我們採取林樂昌「北宋張載關學、明代關學學派多元共存階段、清代關學近代轉型階段」的觀點，在相較於北宋張載「原始關學」的明清「次生關學」意義上，使用明代關學以界定劉璣的關學學者身份。（林樂昌：《試論「關學」概念結構的三重維度》，《唐都學刊》2013 年第 1 期，第 4、5 頁。）

墓誌銘，在其中稱「魯與近山先生居比鄰，事先生如諸父，有獨知之者一二事。」他是劉璣的鄰居，年齡上小劉璣三十三歲，與致仕居家的劉璣有交往。此墓誌內容豐富，是研究劉璣生平學行的重要傳記資料，故將其輯錄如下，然後據之梳理劉璣其人其學。

《資政大夫戶部尚書近山劉公璣墓誌》許宗魯

近山先生者，姓劉氏，諱璣，字用齊，別號近山，陝西咸寧人也。高祖清甫，曾祖敏中，祖懋，父鑒，母李，生先生。為兒時，遊鄉塾，即端重不嬉戲。鄉塾胡先生異之曰：「是兒骨相不凡，後當名世。」戴恭簡公來督學，課試先生，見其文，特器之，乃以補諸生。

成化庚子，舉鄉試第二人。明年辛丑，登進士。壬寅，授山西曲沃縣知縣，人方患其年少不習事。先生至縣，砥礪苦節，敦行古道，期年邑人向化。曲沃產棗，先生視事多以棗贖罪，遂儲棗數萬計。後歲大侵，賑粟不繼，即繼以棗，民賴不饑。民有共貲而培利者，訟於邑。先生曰：「汝聞管鮑分金事乎？」訟者慚，乃委金願輸官，先生為平遣之。其專務德化，不尚法令，類如此。他若疏夢泉、均景水、寬刑罰、平差遣、廣儲蓄、恤煢獨，諸善政咸載《去思碑》。是時，曲沃治行為天下最。部使者上之，弘治壬子，召赴吏部。太宰王端毅公重其治行，欲授御史。先生辭不受，王公復欲以為吏部屬。先生曰：「辭御史，受吏部，是攬要以便私也。」王公義之，為授戶部山西司主事。未幾，督餉大同道，過曲沃，人聞先生來，扶老攜幼迎謁道左，留邑數日，立生祠祀之。

戊午，□皇帝詔大臣舉所知能守郡者，於是左司徒許襄毅公疏薦先生，升江西瑞州府知府。瑞，故曠郡，無城郭，依山聚居，民狂悍、善劫，郡人苦之。先生視郡，首著《勸諭文》，繪《善惡圖》，標揭境內，賊黨稍稍解散。一日，周黨狂悖，先生率兵撫御，賊奄至，擁先生歸其寨。既至，乃召其魁，論以禍福，賊乃羅拜堂下。已，乃治具享先生，蓐食醅飲，夜就寢，坦腹睡齁齁。賊眾環聽，相語曰：「劉公，大人也。我輩不復敢為惡矣。」居三日，乃還郡。境內寧謐，乃遂興學正俗、表節崇讓、均賦薄稅、節用省刑。期年，瑞乃大治。辛酉，朝覲，量移九江府。瑞民思其惠愛，立三太守祠，先生居其一。

　　至九江，僅幾月，丁母李夫人憂歸。是時，虎谷王公督學陝西，倡明道學，敦延先生居正學書院講論性理，三秦學士翕然宗之。甲子，復，除湖廣衡州府知府。衡薦饑，適疫作，先生下車禱神修祀、施藥賑食、孜孜若不及，民賴以存。時過石鼓書院，為諸生談說經史及性理諸書，衡士喜曰：「我輩今日復從朱、張遊矣。」正德丁卯，雍王薨於衡，朝廷遣太監黃某護喪還京師。時太監劉瑾用事，閹人怙勢，掠賄侮人。至衡，見先生，首以禍言恐動，繼即大需供億，尤以玩事視先生，時時戒曰：「王柩某日行舟，及檝師、挽夫諸所供給其宿具，且無煩民，否則罪不貸。」先生唯唯。至期，舟備，篙師良，挽夫健，且溢其數人，各負米鹽、槁魚，備需於湘滸。吏人唱名執役，無煩呼促。黃異之，以問役人，對曰：「府官聞貴人來，業已先三月儲之矣。」黃某曰：「咄咄好官，幹事愛民，乃若此耶。」遂戒命僕從，毋需索有司。黃至京，覯劉瑾，問以所過地方事，黃首以先生治衡善政對。時，瑾用人多以賄遷，臺諫以為言。既聞黃道先生善，乃屬意用先生以塞群議，遂擢太僕寺少卿。

　　先生去衡，衡人德之，樹棹楔，表遺愛云。明年戊辰，升太常寺卿，提督四夷館。先生力以驟遷辭，不報。無何，升戶部左侍郎。即，又升尚書。先生辭益力，疏曰：「臣由知府轉少卿，已為殊遷。由少卿數月而升卿，由卿而累遷尚書。祖宗任官確有定式，今若此，是使成憲由臣而毀。陛下縱眷臣，其如祖宗之法何？臣死不敢就。」疏屢上，不允，乃赴部視事。尋，以例侍經筵，賜楮鏹千貫。尋，又賜玉帶，並御製諸詩十六幅、《貞觀政要》六部。為尚書甫二年，乃誥贈祖及父皆為資政大夫戶部尚書，祖母任、母李及配王皆二品夫人。張封二品夫人，蓋殊恩也。瑾方擢先生時，意先生必德己，所為必附己。及先生素節自守，不形言謝，意稍悔之。然以先生人望所屬，必欲引以自飾。先生乃益疏略自晦，每朝退署部畢，即閉門縱飲，酣臥不醒。瑾欲延問事情，率醉不能起。他日瑾勝氣詰之，先生曰：「氣弱非酒不能支，且嗜睡，不睡則病。」由是，益疏遠矣。瑾性好紛更，先生於部事遵舊不易。瑾殊不說，嘗力論時宜變更。先生曰：「祖宗立法盡美盡善，行之萬世無弊，亦惟不愆不忘，率由舊章而已。」瑾又怒一御史，欲加戕害。先生適過瑾，問其故。瑾

云云，先生曰：「以足下所云，將以懲不法也。今某所為，誠守法。將以懲不法，顧先罪守法者。吾恐眩人耳目矣。」瑾為改容，謝之。某賴以不死，其他陰為止畜釋助若此者眾。先生不以語人，故人亦莫從知也。是時，瑾急賄自封，巧宦者多重輦通致，先生從容語瑾曰：「飲食以養生，過食則傷生，貨財亦然。是故貨也者，禍也。古人戒積藏，其畏禍也。」瑾積憤先生不附己，欲改南京禮部，又欲援國初例出為布政使。尋，事敗不果。

瑾敗，先生乃上疏自劾曰：「臣與劉瑾實同鄉里，誤被引用，驟遷顯官。今瑾事敗，臣罪當誅戮。」皇帝雅知先生廉靜方直，不為瑾用，特准致仕。乃庚午八月，先生西歸。既歸，裏無華屋，野無腴田，囊無羨金，縕袍脫粟，泊然一布衣也。居鄉二十餘年，耕讀自樂，與人接油油然惟恐有傷，而中操介削、屹不可移。雖不謝絕公府，然卒無所干預，故人益敬重之。晚年恬放自適，多從鄉人飲，飲輒儘量，醉為歌詩，皆發性情，有淵明之遺意焉。卒之日，雷風晦冥，聞者慟悼，嗚呼！若先生者，可謂始終全德、生榮死哀者已。於是，巡撫都御史王公、巡按御史毛君列疏上請，其略曰：「故戶部尚書劉機，賦性純樸，與物無競，歷官中外，多效勤勞。家居二十餘年，仕進全不萌慮，敝廬破屋不蔽風雨，惡衣糲食僅免飢寒，四方慕其清修，鄉邦稱其恂謹。進退有益，生死無憾。」

下禮部覆議，相同，遂得如例，遣官諭祭二壇、有司營葬。

許宗魯曰：魯與近山先生居比鄰，事先生如諸父，有獨知之者一二事。魯為諸生時，過先生，所見座上一儒生攜畫工圖先生像貌，問其故。曰「曲沃舊祠肖公，蓋壯年像。今公老矣，曲沃人思見公不可得，願圖歸以慰之。」頃年，魯提學湖廣，巡視及衡。衡人知魯為先生鄉後學，耆老數十輩，相率詣學臺，問先生起居。他日造學，聽諸生講誦。諸生為魯言，往年督學僉事靜齋陳公視學，諸生進講太極圖，意義微妙。陳公詰之，諸生具以受說於先生對。陳公驚曰：「此學不講久矣，太守能然！」乃請先生坐堂上，講太極圖。先生升座畢講彈述精微，陳公率諸生拜曰：「是吾師也。」於是湘潭以南學者，多從先生受理學云。魯巡衡時，向所樹遺愛棹楔，為近守建譙樓撤去。衡人思先生德惠，布狀請復。魯為施行，未三月，

遂以完報。比再至衡，則見其煥然新美，越於舊制矣。嗟乎！今之
仕宦，固有駕車而掃跡者矣。何仁人之思，獨永久邪！曩，魯遊京
師，假館興隆寺。守寺門者，陳老，故先生隸也。嘗過魯，言先生
為戶部尚未製緋袍。冬月朝會，公卿皆緋紵袍，先生獨絳紗袍，同
列饋以緋紵。先生義不受，直至郊賜，始制服。日至部視事，過午
堂，食止柿餅四枚，茶一盃耳。時劉瑾行賄天下，諸司當朝覲，入
京多齎重寶以賄當路。嘗見其數帖，獨無先生姓銜。一日有人扣門，
饋玉佩帶，適陳老當門，怪問其始無是事，何由至也。饋者大驚，
踉蹌趨去，曰：「我以為吏部劉宅，是戶部劉宅邪。」又言，當時諸
公卿過瑾，所率庭參。先生過瑾，特入內，不庭參，以禮自持，不
少貶屈。瑾恐其持禮損己威重，故特為內覿。不知者謂為厚昵，誤
矣！誤矣！是時先生去位十餘年，故隸能道其節義如此。〔註2〕

（一）家族身世

關於劉璣的家族身世，《劉公璣墓誌》記載的比較詳細。劉璣高祖是劉清
甫、曾祖劉敏中、祖父劉懋、父親劉鑒、祖母任氏、母親李氏、妻子王氏。另
外，據王恕為劉璣父親撰寫的《封承德郎戶部主事劉君墓表》和邵寶為劉璣母
親撰寫的《太安人李氏墓誌銘》，可以補充或矯正《劉公璣墓誌》中劉璣家族
的信息。如：劉璣父親劉鑒，字彥昭，為人仁義，樂讀書；母親李氏，是朝邑
運司同知李真的女兒；曾祖母趙氏，喜歡吃以醯醬醃漬的韭菜；外祖母張氏；
劉璣之兄或弟，劉瑀。〔註3〕

根據王恕所記，劉璣的祖先本來居住在山西平陽，後遷居陝西咸寧，至劉
璣已經有六世，分別是：劉清甫、劉克明、劉敏中、劉懋、劉鑒、劉璣。〔註
4〕據此，《劉公璣墓誌》中的「高祖清甫」應該補改為「太高祖清甫，高祖克
明」。可見，劉璣的家庭是很普通的耕讀之家，所以劉璣中進士時的戶籍隸屬
「民籍」。〔註5〕

生於耕讀之家的劉璣少時聰敏，兒時也能「穎敏嗜學，讀《論語》、《大學》
諸書，通大義，善作字，且能吟詠」的父親劉鑒，長於讀書之家且曾口授劉璣

〔註2〕焦竑：《國朝獻徵錄》卷二十九，續修四庫全書本，上海古籍出版社，1995年
版，第449～452頁。
〔註3〕邵寶：《容春堂集》前集卷十七，清文淵閣四庫全書本。
〔註4〕王恕：《王端毅公文集》卷四，明嘉靖三十一年喬世寧刻本。
〔註5〕《明清歷科進士題名碑錄》上冊，華文書局，1969年版，第391頁。

陶淵明《責子》詩的母親，都對劉璣的聰慧才智有一定影響。所以，《劉公璣墓誌》記載鄉塾先生誇讚劉璣「是兒骨相不凡，後當名世」也就不足怪了。

（二）歷任十職

劉璣自成化十八年上任山西曲沃縣知縣，至正德五年自劾致仕，為官二十八載，歷任十職。關於劉璣的仕宦經歷，《劉公璣墓誌》的記載雖有闕失但是最詳備。我們以《劉公璣墓誌》為基礎，結合其他史志資料，將劉璣為官履歷詳加考訂，初步判定其歷任十職的具體時間，臚列如下，以補史闕。

成化十八年（1482）～弘治四年（1491），任山西曲沃縣知縣。按：《劉公璣墓誌》稱劉璣「成化庚子，舉鄉試第二人。明年辛丑，登進士。壬寅，授山西曲沃縣知縣。」劉璣成化十八年就曲沃縣知縣。又，據（嘉靖）《曲沃縣志》「劉璣，用齊，咸寧進士，成化十八年任……為政八年，升任將去」的記載，〔註6〕劉璣當於弘治四年（1491）離任曲沃縣知縣。

弘治四年（1491）～弘治六年（1493），任戶部山西司主事。按：王恕稱「壬子春，璣因公差過家，……癸丑夏，璣滿三載，朝廷貤恩封彥昭承德郎，如其官。不意，遽於是夏六月十有七日而卒。」〔註7〕據此，劉璣當於弘治四年（1491）至弘治六年（1493）任戶部山西司主事，而《劉公璣墓誌》稱劉璣「弘治壬子，召赴吏部。……為授戶部山西司主事」則有誤。另，雷禮《國朝列卿紀》卷三十三明稱「五年，丁父憂」亦誤。〔註8〕劉璣丁父憂的時間是弘治六年（1493）至弘治八年（1495）。

弘治九年（1496）～弘治十一年（1498），任戶部員外郎郎中。按：雷禮《國朝列卿紀》卷三十三稱劉璣丁父憂之後，「進本部員外郎郎中」。（光緒）《江西通志》引用《瑞州府志》亦稱劉璣弘治十二年（1498）出任瑞州知府的身份是戶部郎，即「以戶部郎出知瑞州府」。〔註9〕劉璣所任此職，《劉公璣墓誌》未有記載，今補。

弘治十二年（1498）～弘治十四年（1501），任瑞州知府。按：《劉公璣墓誌》稱「戊午，……疏薦先生，升江西瑞州知府」，在弘治十一年（1498）劉璣被推薦給朝廷，繼而擢升江西瑞州知府。據（光緒）《江西通志》引用《瑞

〔註6〕劉魯主：《（嘉靖）曲沃縣志》卷二，明嘉靖刻本。
〔註7〕王恕：《王端毅公文集》卷四，明嘉靖三十一年喬世寧刻本。
〔註8〕雷禮：《國朝列卿紀》卷三十三，明萬曆徐鑒刻本。
〔註9〕曾國藩：《（光緒）江西通志》卷七十四，清光緒七年刻本。

州府志》的「宏治十二年，以戶部郎出知瑞州府」和（同治）《瑞州府志》記載的「知府，……劉宇，均州巡士，宏治元年任。……劉璣，十二年任，見傳。……周津，十五年任」﹝註10﹞可知，劉璣任瑞州知府的時間是弘治十二年（1498）——弘治十四年（1501）。此與《劉公璣墓誌》「辛酉朝覲，量移九江府」的記載相吻合。

弘治十四年（1501）～弘治十五年（1502），任九江知府。按：《劉公璣墓誌》稱劉璣「辛酉，朝覲，量移九江府」，辛酉即弘治十四年（1501），（康熙）《衡州府志》也稱劉璣「辛酉移九江府」﹝註11﹞。邵寶《太安人李氏墓誌銘》載「洪治壬戌十二月某甲子，卒於家。越明年正月某甲子，訃至九江，九江即日去郡。」﹝註12﹞劉璣母親去世於弘治十五年（1502），劉璣於弘治十六年（1503）得訃後歸家治喪守孝。《劉公璣墓誌》稱劉璣「甲子，復，除湖廣衡州府知府。」由此知，劉璣丁母憂時間是弘治十六年（1503）至弘治十七年（1504）

弘治十七年（1504）～正德二年（1507），任衡州知府。按：《劉公璣墓誌》稱「甲子，復，除湖廣衡州府知府」，「甲子」即弘治十七年（1504），正與（康熙）《衡州府志》的「丁母艱歸，甲子，復，除衡州知府」相一致。據，《明武宗實錄》「正德二年冬十月，……庚寅，升衡州府知府劉璣為太僕寺少卿」的記載，﹝註13﹞劉璣當於正德二年（1507）離任衡州知府。

正德二年（1507）～正德三年（1508），任太僕寺少卿。據《明武宗實錄》「正德二年冬十月，……庚寅，升衡州府知府劉璣為太僕寺少卿」的記載，劉璣正德二年（1507）赴任太僕寺少卿，正與《劉公璣墓誌》的「正德丁卯，……遂擢太僕寺少卿」以及（康熙）《衡州府志》「正德丁卯，……遂擢公太僕寺少卿」相符。﹝註14﹞據《明武宗實錄》「正德三年三月，……升太僕寺少卿劉璣為太常寺卿，提督四夷館」，﹝註15﹞劉璣於正德三年（1508）離任太僕寺少卿。

正德三年（1508）三月～正德三年（1508）五月，任太常寺卿。按：《明

﹝註10﹞　黃廷金：《（同治）瑞州府志》卷七，清同治十二年刊本。

﹝註11﹞　張奇勳：《（康熙）衡州府志》卷十一，清康熙十年刻本。

﹝註12﹞　邵寶：《容春堂集》前集卷十七，清文淵閣四庫全書本。

﹝註13﹞　《明武宗實錄》卷三十一，臺灣中央研究院歷史語言研究所校印本，1962年版。

﹝註14﹞　張奇勳：《（康熙）衡州府志》卷十一，清康熙十年刻本。

﹝註15﹞　《明武宗實錄》卷三十六，臺灣中央研究院歷史語言研究所校印本，1962年版。

武宗實錄》稱「正德三年三月，……升太僕寺少卿劉璣為太常寺卿，提督四夷館。」即劉璣於正德三年（1508）三月升任太常寺卿，提調督查四夷館工作，此與《劉公璣墓誌》「明年，戊辰，升太常寺卿，提督四夷館」相一致，而呂維祺《四譯館增訂館則》卷六稱劉璣於正德二年（1508）任四夷館提督卿則為誤。據《明武宗實錄》「正德三年五月，……壬子，升戶部右侍郎吳文度為左侍郎，太常寺卿劉璣為戶部右侍郎」的記載，〔註16〕劉璣於正德三年（1508）五月離任太常寺卿。

正德三年（1508）五月～正德三年（1508）九月，戶部右侍郎。按：據《明武宗實錄》卷三十八「正德三年五月，……壬子，升戶部右侍郎吳文度為左侍郎，太常寺卿劉璣為戶部右侍郎」的記載，劉璣於正德三年（1508）五月升任戶部右侍郎。王世貞《弇山堂別集》卷五十五和雷禮《國朝列卿紀》卷三十六同於《明武宗實錄》，都稱劉璣出任的是戶部右侍郎，只是它們記載的「二年」和「十八年」的升任時間為誤。《劉公璣墓誌》稱劉璣升任「戶部左侍郎」亦誤。

正德三年（1508）～正德五年（1510），戶部尚書。按：由《明武宗實錄》「正德三年九月，……壬寅，升禮部左侍郎掌太常寺事田景賢為禮部尚書，仍掌寺事，戶部右侍郎劉璣為本部尚書」的記載可知，〔註17〕劉璣於正德三年（1508）九月升任戶部尚書。《明武宗實錄》「正德五年八月，……戶部尚書劉璣、兵部侍郎陳震罷」的記載，〔註18〕與《劉公璣墓誌》中的「瑾敗，先生乃上疏自劾，……庚午八月，先生西歸」一致，即劉璣於正德五年（1510）八月不再任戶部尚書。所以，王世貞《弇山堂別集》在戶部尚書表部分稱劉璣「正德三年任，五年間住」不誤，〔註19〕而凌迪知稱劉璣「歷兵部尚書」則誤。〔註20〕

二、劉璣其學

（一）師從關中大儒李錦

劉璣曾經說「早歲得有所聞於我介庵李先生，及提學恭簡戴先生之門」，〔註21〕其中的「恭簡戴先生」就是《劉公璣墓誌》中的「戴恭簡公」，即戴珊。

〔註16〕《明武宗實錄》卷三十八，臺灣中央研究院歷史語言研究所校印，1962年版。

〔註17〕《明武宗實錄》卷四十二，臺灣中央研究院歷史語言研究所校印，1962年版。

〔註18〕《明武宗實錄》卷六十六，臺灣中央研究院歷史語言研究所校印，1962年版。

〔註19〕王世貞：《弇山堂別集》卷四十八，清文淵閣四庫全書本。

〔註20〕凌迪知：《萬姓統譜》卷六十，清文淵閣四庫全書本。

〔註21〕劉璣：《正蒙會稿·序》，明正德十五年刻本。

戴珊（1437～1505），字廷珍，諡恭簡，江西浮梁人。《劉公璣墓誌》稱「戴恭簡公來督學，課試先生，見其文，特器之，乃以補諸生。」據《明憲宗實錄》，明成化十四年（1478）九月，戴珊由監察御史升為陝西按察司副使提調學校（提學陝西副使），至成化二十年（1493）春又升遷為浙江按察使。〔註22〕

劉璣於成化十七年（1481）中進士，那麼1478年至1481年的三年間，是劉璣與戴珊交往的時間：1478年，戴珊主持學政，見到劉璣文章出眾，免試提拔他成為府學學生，享受秀才的待遇；1480年八月，劉璣參加陝西省秋試，舉鄉試第二名；1481年四月，劉璣參加春闈及殿試，名列三甲，賜同進士出身。可見，戴珊於劉璣有知遇之恩，再加之他一方陝西督學的身份，劉璣稱之謂老師或是因循座師的傳統，是否有師徒之實則很值得懷疑。

我們認為劉璣真正從學的老師是「介庵李先生」，即李錦。就此，《劉公璣墓誌》未曾提及。李錦（1435～1486），字在中，號介庵，陝西咸寧人，自幼警悟不凡。李錦為諸生時學《易》於董德昭，聞聽周蕙講周、程、張、朱為學之要，後致力於「主敬窮理」之學。又與薛敬之、姚顯、雍泰共同講習學問，潛心理學，久而踐履醇茂。關中學者都以李錦比橫渠，稱其為關西豪傑。李錦解讀經典平正通達，教導學生諄諄忘倦。學生有劉璣、李侖、於寬、董養民、張子渭、李盛漸。〔註23〕明人胡纘宗（1480～1560）曾經專門梳理關隴學術，將關中理學劃分為四代，李錦為第二代，而劉璣為三代，馬理、呂柟為第四代。〔註24〕

後來，馮從吾撰寫《關學編》，為四十七位陝西籍儒家學者立傳，揭櫫儒家道統意義下的關中學術，確立了以北宋張載為初祖的關學學脈。《關學編》表彰關學，是關學史研究的重要文獻。李錦是明代早期關學學者的代表，馮從吾將其編入《關學編》並給予了較高評價。馮從吾《關學編》雖未為包括劉璣在內的李錦門人立傳，卻也肯定了其關學學者的身份。後來的王心敬、李元春、賀瑞麟續撰《關學續編》以及張驥編撰《關學宗傳》，都繼承並認可了馮從吾

〔註22〕《明憲宗實錄》，臺灣中央研究院歷史語言研究所校印，1962年版。

〔註23〕馮從吾：《關學編》，中華書局，1987年版，第34、35頁。

〔註24〕「關中理學，太宰王端毅公、太守段容思公倡之，而其學乃緒；周微君蕙、姚太僕顯、李郡丞錦、薛郡丞敬之衍之，而其學益著；近山劉司徒公、平川王康僖公闡之，而其學益明；宗伯呂涇野公、與光祿馬溪田公，加意沉潛，而其學益遠。」胡纘宗《願學編》卷下，明嘉靖刻清修本。張驥：《關學宗傳》卷十一，陝西教育圖書社，1921年版。

《關學編》在關學意義上對李錦、劉璣的定位。《關學宗傳》站在關學道統的立場，闢出一卷單獨為劉璣立傳，進一步闡述了劉璣在關學史上的地位和貢獻。〔註25〕

（二）講學正學書院而著《正蒙會稿》

探討劉璣關學學者身份及其貢獻，理應關注他為張載《正蒙》所作的注解——《正蒙會稿》。李錦未有著作傳世，門人中僅有劉璣的《正蒙會稿》存世。許宗魯《劉公璣墓誌》未曾提及《正蒙會稿》，不過其中也蘊含重要信息，可以幫助我們確定劉璣撰寫《正蒙會稿》的時間、機緣等問題。

《劉公璣墓誌》載「辛酉，朝覲，量移九江府。……至九江，僅幾月，丁母李夫人有歸。是時，虎谷王公督學陝西，倡明道學，敦延先生，居正學書院講論性理，三秦學士翕然宗之。」此處有兩點比較值得注意，一是劉璣丁母憂，一是講學正學書院。「辛酉」，是弘治十四年（1501）。邵寶為劉璣的母親撰寫的《太安人李氏墓誌銘》載「洪治壬戌十二月某甲子，卒於家。越明年正月某甲子，訃至九江，九江即日去郡。」〔註26〕劉璣母親去世於弘治十五年（1502），劉璣於弘治十六年（1503）得訃後歸家治喪守孝。《劉公璣墓誌》稱劉璣「甲子，復，除湖廣衡州府知府。」由此知，劉璣丁母憂時間是弘治十六年（1503）至弘治十七年（1504）。「虎谷王公」是王雲鳳，劉璣丁母憂時，王雲鳳任陝西按察司副使，提調學校，故延請劉璣講學正學書院。劉璣於《正蒙會稿》序言中稱「承邃庵楊先生之命，因與同志諸友會講成稿」，〔註27〕「邃庵楊先生」是楊一清，他是上任陝西按察司副使，正學書院正是在他的提議下於弘治十一年（1498）建成，劉璣丁憂時他任都察院御史督理陝西馬政。據「居正學書院講論性理」和「與同志諸友會講成稿」，可知劉璣於弘治十六年（1503）至弘治十七年（1504）講學正學書院，《正蒙會稿》便撰於此時。

劉璣於正學書院講論《正蒙》，當時就形成「三秦學士翕然宗之」的盛況，後來明代中期聞名朝野的關中學者馬理（1474～1556）、康海（1475～1540）、韓邦奇（1479～1555）、呂柟（1479～1542）等當時都曾經以學生身份被選入正學書院學習，只是不知他們是否參加了劉璣會講《正蒙》中去。但是，我們可以確定呂柟於劉璣自稱學生，曾經向劉璣請教戒慎恐懼與省察是一個工夫

〔註25〕張驥：《關學宗傳》卷十一，陝西教育圖書社，1921年版。
〔註26〕邵寶：《容春堂集》前集卷十七，清文淵閣四庫全書本。
〔註27〕劉璣：《正蒙會稿‧序》，明正德十五年刻本。

還是兩個工夫。「然予嘗以問劉近山先生。近山先生曰：『才說一個工夫，便是
不曾用工。然以今日吾輩各求於心，靜坐體驗，才省察便涵養，才閒邪便存誠，
才克己便復禮，實非有兩事也，豈不是一個工夫。不然，則天下有二獨矣。世
有以不睹不聞為理者，則理豈在心外耶！又以為人不睹不聞者，則並其已而遺
之，其疏亦甚矣。』」〔註28〕並在其後來的教學過程中多次以劉璣學行事實激
勵學生。〔註29〕韓邦奇更是為劉璣《正蒙會稿》撰寫序言，讚揚《正蒙會稿》
難易兼得而愧將自己的《正蒙解結》焚燒掉，並且還為因劉瑾而致仕的劉璣鳴
冤叫屈，稱「先生有大受之才、有汪洋之度、有堅貞廉介之操，乃一蹶而弗起，
其皆不知先生邪、其或知之而不敢言邪。」〔註30〕

　　何景明以「明正通達，不為曲說隱語，而事理無不得者」評價《正蒙會稿》，
〔註31〕韓邦奇讚揚《正蒙會稿》「難易兼具，詳而不遺」且焚燒掉自己著的《正
蒙解結》。〔註32〕《宋元學案》以及《正蒙初義》等《正蒙》明清注都對《正
蒙會稿》有引用。張驥《關學宗傳》節錄了《正蒙會稿》的劉璣自序、問答、
韓邦奇序文和何景明序文，這些都表明了劉璣《正蒙會稿》的重要性。

　　《正蒙會稿》四卷，書目、史志多有著錄，具體情況為：明晁瑮《晁氏寶
文堂書目》、明王圻《續文獻通考》、明朱睦㮮《萬卷堂書目》、清黃虞稷《千
頃堂書目》、清丁仁《八千卷樓書目》皆著錄劉璣《正蒙會稿》。清萬斯同《明
史》、《（雍正）陝西通志》、《（嘉慶）咸寧縣志》也有劉璣《正蒙會稿》的記載。
明何景明撰有《正蒙會稿・序》一篇收入其《大復集》、明韓邦奇也撰《正蒙
會稿・序》一篇收在其《苑洛集》、明張弘道《明三元考》中稱劉璣著有《正
蒙會稿》、清路德《惜陰軒叢書跋》一文提及《正蒙會稿》。現存《正蒙會稿》
的版本主要有如下四種：明正德十五年祝壽、武雷、張鄂刻本；明嘉靖十一年
刊本；明刻《性理諸家解》本；清道光惜陰軒本。

（三）講學石鼓書院

　　劉璣為官有善政，並且多興文教。在劉璣為其母守制後，即講學正學書院
講論《正蒙》之後，自弘治十七年（1504）至正德二年（1507）任衡州知府。

〔註28〕呂柟：《四書因問》卷二，清文淵閣四庫全書本。
〔註29〕呂柟在《涇野子內篇》、《涇野先生文集》、《四書因問》中還多次提及劉璣事
　　　　蹟。
〔註30〕韓邦奇：《正蒙會稿・序》，《苑洛集》卷一，清文淵閣四庫全書本。
〔註31〕何景明：《正蒙會稿・序》，《正蒙會稿》卷一，明正德十五年刻本。
〔註32〕韓邦奇：《正蒙會稿・序》，《正蒙會稿》卷一，明正德十五年刻本。

任衡州知府時劉璣曾經主持興修石鼓書院，並且為衡州學子講學。劉璣曾經在石鼓書院為學生講解經史及性理類書籍，《（康熙）衡州府志》記載稱劉璣「時蒞石鼓書院，為諸生談說經史及性理諸書。」〔註33〕

許宗魯在劉璣墓誌銘中記載的更為詳細，當時劉璣任衡州知府，時任督學的陳鳳梧視察學校發現學生有關劉璣講《太極圖》的筆記。陳鳳梧認為劉璣所講意義微妙，並稱《太極圖》在當時已經無人講解了，「往年督學僉事靜齋陳公視學，諸生進《講太極圖》，意義微妙。陳公詰之，諸生具以受說於先生對。陳公驚曰：『此學不講久矣，太守能然！』乃請先生坐堂上，講《太極圖》。先生升座畢講殫述精微，陳公率諸生拜曰：『是吾師也。』於是湘潭以南學者，多從先生受理學云。」在此，劉璣講《太極圖》能夠殫述精深微妙義涵，遂有「湘潭以南學者」多從劉璣學習理學的記載。

明代胡纘宗大加讚譽劉璣之學，有稱「劉司徒璣、王司徒承裕之厚重，與薛皆潛心理學者；……劉司徒有惠政於郡邑，有《性理》、《正蒙》諸書解。……劉司徒近山，不亞於容齋。……近山翁厚重如山，而學淵微，所著有《正蒙稿》諸書。」〔註34〕

可見，劉璣講論注解《正蒙》外，還有《太極圖》和《性理》，甚至其還曾經為人傳授易學，即據許宗魯記載咸陽王南灃曾經跟從劉璣學習易學。〔註35〕劉璣相與交往的學者名儒很多，上文提及的馬理、康海、韓邦奇、呂柟外，更有如馬中錫、邵寶、石珤、王世貞、鄭岳、劉儲秀、王九思、李開先、何景明等人。王雲鳳曾經贈詩劉璣，言「近山本是讀書人，偶入塵埃誤此身。名利紛華雲漠漠，歸時一似到時貧。」〔註36〕

第二節　天即太虛

劉璣《正蒙會稿》也必須面對上文《正蒙集釋》和《正蒙補注》中同樣的問題，即如何解釋張載《正蒙》中太虛等核心範疇。《正蒙集釋》站在朱子學

〔註33〕張奇勳：《（康熙）衡州府志》卷十一，清康熙十年刻本。
〔註34〕胡纘宗：《願學編》卷下，明嘉靖刻清修本。「性理諸書」，當指《性理大全》類書籍。
〔註35〕許宗魯：《亞中大夫山東等處承宣布政使司左參政南灃王公墓誌銘》，載黃宗羲《明文海》卷四百五十一，清涵芬樓抄本。
〔註36〕王雲鳳：《博趣齋稿》卷十一，明刻本。

的立場上，將太虛解讀為太極、理，《正蒙補注》則從朱子學偏離出來將太虛界定為氣的本體狀態。劉璣《正蒙會稿》站在明代關學的立場，以天界定太虛，並進而引導出「理氣一而已」理氣觀點，強調天理與人慾之辨對於人的重要性，既在一定意義上凸顯了張載哲學思想的關學特點，也多少受到明代初中期主導思想朱子學的影響。

一、張載之天與太虛

　　遵循儒家思想的傳統，張載從挺立儒家道統以批判佛老的角度，指出秦漢以來的儒者多不知孔孟之天的真意，即「以為知人而不知天，……此秦漢以來學者大蔽也」。〔註37〕所以，張載懷著為「往聖繼絕學」的使命感，〔註38〕將儒家之天置於其哲學思想體系的至高位置，創造性地提出了「由太虛，有天之名」的思想。〔註39〕

（一）天之涵義

　　第一，張載之天具有自然之天的外形。自然物質之天是我們無法否認的實然存在，然而上古先民們在眾多條件的限制下只能視之為宗教性的主宰之天。歷史推進至春秋戰國時期，自然之天已經進入了人們的視野，最突出的代表即是荀子〔註40〕。張載之天同樣具有自然的涵義，他說「『日月得天』，得自然之理也，非蒼蒼之形也。」〔註41〕張載認為就視覺而言，天具有可被觀察的「蒼蒼之形」，但人們觀察到的僅僅是天的色相（顏色狀貌）。張載之天有時用來表示空間，日月星辰「繫乎天」、「天大無外」、「天包載萬物於內」中的天都具有空間的涵義，此即太虛與天互指通用的空間意義。天的空間意義同樣是哲學本體論高度的，它超越於現實層面的物理空間，是具有絕對性的空間，它「大無外」、「莫究其極」。故而，我們說張載之天具有自然意蘊，但絕非自然之天。

　　第二，形上之天與形下之物的多層關係。張載之天作為其哲學思想的本體，與形而下之物在生成論、本體論等層面相關。其一、形而上與形而下的關係：物在張載哲學體系中與天相對而言時，指包括人在內的世間萬事萬物，並

〔註37〕張載：《張載集‧宋史張載傳》，中華書局，1978 年版，第 386 頁。
〔註38〕張載：《張載集》，中華書局，1978 年版，第 376 頁。
〔註39〕張載：《張載集》，中華書局，1978 年版，第 9 頁。
〔註40〕先秦時期天的演變過程以及荀子之於自然之天的貢獻，參見劉學智《中國哲學的歷程》，陝西人民出版社，1993 年版，第 26～63 頁。
〔註41〕《正蒙‧參兩篇》，《張載集》，中華書局，1978 年版，第 12 頁。

且是形而下的。在此意義上張載把「萬物形色」和「天地法相」皆視為「神化之糟粕」。〔註42〕「神化」是天之德和天之道，故而世間萬物都是天的「糟粕」。其二、生養與被生養的關係：當我們追問世界的源頭時，可以從生成論給出回答以言明世界的原始物質，也可以從本體論給出解釋來探究世界的終極根據。張載的「天之生物」、「天地生萬物」、「天以直養萬物」等論述，包涵生成論和本體論兩個層面。「天之生物」中天和物之間「生」的關係，一方面指天在本體論層面為萬物提供終極根據，即「天體物不遺」的關係，另一方面指天涵攝下的陰陽二氣在生成論層面化生出萬物，即「陰陽之氣，散則萬殊」的關係。其三、體知的關係：張載從多方面強調天的絕對性和崇高性，在天和物的關係方面亦然。張載認為天不僅「生萬物」、「養萬物」，還「知物」、「體物」，不過張載並非就天言天或就天言天和物的關係，而是從「天人合一」或人的角度言天以及天和物的關係，所以張載由「天體物不遺」想到「仁體事無不在」、〔註43〕將「天之知物」不歸於「耳目心思」而歸於「民心」。〔註44〕

第三、天與氣。儘管我們堅持張載哲學是天本論，氣也是張載哲學的一個極其重要的概念。「天人合一」是張載哲學體系的建構理路和境界指向，張載哲學「天人合一」得以可能的必要條件及路徑有二，分別為性和氣。性之於天為天性，氣之於天為天道；性之於人為天地之性，氣之於人為氣質之性和身體髮膚。張載哲學中的氣有不同的層面，大而言之有本體層面的氣和現象層面的氣，基於此才有有形之氣和無形之氣的分別。「太虛之氣，陰陽一物也」，〔註45〕說的正是本體層面的無形之氣，可見氣與作為本體的天相聯，不過處在形而上層面的氣依然不是終極根據，終極根據是本體之天。從動態的角度考察，氣有聚散，「聚而為萬物，散而為太虛」，〔註46〕氣聚則生成形而下的萬物，氣散則歸寂於形而上的太虛之氣，而這種聚散運動便是氣的運動、便是「天道」，由此，我們則能理解張載「由氣化，有道之名」〔註47〕的觀點，「陰陽氣也，而謂之天」、〔註48〕「天道四時行，百物生，無非至教」〔註49〕等諸多話語也

〔註42〕 《正蒙・太和篇》，《張載集》，中華書局，1978年版，第9頁。
〔註43〕 《正蒙・天道篇》，《張載集》，中華書局，1978年版，第13頁。
〔註44〕 《正蒙・天道篇》，《張載集》，中華書局，1978年版，第14頁。
〔註45〕 《橫渠易說・繫辭下》，《張載集》，中華書局，1978年版，第231頁。
〔註46〕 《正蒙・太和篇》，《張載集》，中華書局，1978年版，第7頁。
〔註47〕 《正蒙・太和篇》，《張載集》，中華書局，1978年版，第9頁。
〔註48〕 《正蒙・大易篇》，《張載集》，中華書局，1978年版，第48頁。
〔註49〕 《正蒙・天道篇》，《張載集》，中華書局，1978年版，第13頁。

迎刃而解。

　　第四、天與神、天理：天所蘊含的向價值論層面轉化的內涵。中國哲學的「天」由來便具有一種神秘色彩，尤其是殷周時極富原始宗教意蘊的帝天、皇天，《論語》中不可欺、不可怨、不言語、賦予人們德性和富貴的天依然帶有神秘的光環。張載談論天時也多提及神，如「天，神也。」〔註50〕「天之不測謂神，神而有常謂天。」〔註51〕不可否認張載哲學中的天亦帶有神秘性，然而張載之天所具有的神秘色彩非常淺淡，此神秘性非彼神秘性，張載之天是以價值之天意蘊為主導的，神主要是對天之諸多特性的形象描述，這可看作是對發軔於《論語》的從主宰之天向價值之天轉向趨勢的遙契和發展。張載用神形象地描述天的諸多特性，如天德、天道，「神，天德；化，天道。德其體，道其用。」〔註52〕神用來狀貌天德，是靜態的，屬本體；化用來表述天道，是動態的，屬顯用。在道家哲學中，德是道的體現，是得道後的境界，德是道之德。按照上面張載比對道家之道、佛家之空和儒家之天的觀點，儒家之德便是天的體現，是得天後的境界，德是天之德。結合上文所論的天與太虛以及物的關係，德指向天的至大、至誠、至虛以及生物、養物、知物、體物等涵義，作為描述天之涵義的神其實正是描述它們。不過，張載有時也用神來表明天道流行的神妙莫測，所以張載哲學中才會有「天之不測謂神」、「神者，太虛妙應之目」〔註53〕等文字。由上可見，神在指向天的大前提下所具有的內涵是多維的，而此正是張載之天豐富涵義的表現，在此意義上天的諸多涵義是可以通稱概指的，如「天德」和「天道」都是「天之良能」，「至誠」的「天性」和「陰陽之化」的「天道」是相通相達的「性即天道」。較之於「天德」和「天性」，「天理」在張載哲學中所具有的向價值論層面轉化的涵義也不遜色，從受張載哲學影響的程朱理學對「天理」的重視即可見一斑〔註54〕。天理是形而上的，張載稱「上達則樂天，樂天則不怨；下學則治己，治己則無尤」，〔註55〕「上達反天理」，〔註56〕其中的「上達則樂天」和「上達反天理」表明天理如同上文論述

〔註50〕《正蒙・參兩篇》，《張載集》，中華書局，1978 年版，第 11 頁。
〔註51〕《正蒙・天道篇》，《張載集》，中華書局，1978 年版，第 14 頁。
〔註52〕《正蒙・神化篇》，《張載集》，中華書局，1978 年版，第 15 頁。
〔註53〕《正蒙・太和篇》，《張載集》，中華書局，1978 年版，第 9 頁。
〔註54〕當下學術界漸漸撥開自程朱理學以來對張載與程朱關係的遮蔽，已普遍接受
　　　　張載哲學影響程朱理學的歷史事實。
〔註55〕《正蒙・作者篇》，《張載集》，中華書局，1978 年版，第 35 頁。
〔註56〕《正蒙・誠明篇》，《張載集》，中華書局，1978 年版，第 22 頁。

的天道、天德和天性也是形上之天的涵義。張載之天有多層涵義，即包括「蒼蒼之形」也涵攝「自然之理」，「自然之理」不是我們今天講的自然界的規律，而是天所具有的自然無為的秩序性，用張載的話講則是「天理者時義而已」〔註57〕，即天理是每時每刻都符合天所具有的完美特性。形而上的天有天理，形而下的物有物理，天理是物理的形上根據，即「所謂天理也者，能悅諸心，能通天下之志之理也。」〔註58〕人們只有做到「無意、必、固、我之鑿」，才能「天理一貫」，才算「窮理」〔註59〕。

（二）天與太虛

張載賦予天多層涵義，若遵循現代學術詮釋理路來講，張載之天似涵攝自然之天、主宰之天、義理之天諸多意蘊。在此，我們堅持張載之天是本體之天的觀點，自然之天顯示其外形、主宰之天展示其靈性、義理之天彰明其德蘊。而義理之天是張載最為關注的一層涵義，它是人們體之、知之、合之的對象，是張載「天人合一」的依據和終旨。

張載談論天時與其哲學中的核心概念太虛相聯繫，以太虛界定天，稱「由太虛，有天之名」。〔註60〕在此意義上，太虛與天是互指通用的，使得太虛具有了天本體義。在張載哲學體系中，與太虛相關涉的天是在本體、價值的意義上運用的。「太虛者，天之實也。」〔註61〕依據名實相符的原則，可知太虛是實，天是名，太虛是天的實質、本質，天是太虛的名相。

從強調太虛的角度講，太虛決定、規定著天，由於太虛的存在和支持，「天」之名才得以成立且有所指，因而張載才說「由太虛，有天之名」。在其哲學「四句綱領」〔註62〕中，天與太虛是出於最上層的，是處於本體層面的。張載借助改造和深化後的太虛，導出儒家「天」觀的本體論內涵，改變漢唐以來學者「知人而不知天」的弊端，實現其「為往聖繼絕學」的理想。故而，張載批判釋氏

〔註57〕《正蒙·誠明篇》，《張載集》，中華書局，1978 年版，第 23 頁。
〔註58〕《正蒙·誠明篇》，《張載集》，中華書局，1978 年版，第 23 頁。
〔註59〕《正蒙·中正篇》，《張載集》，中華書局，1978 年版，第 28 頁。
〔註60〕《正蒙·太和篇》，《張載集》，中華書局，1978 年版，第 9 頁。
〔註61〕《張子語錄·中》，《張載集》，中華書局，1978 年版，第 324 頁。
〔註62〕學界對馮友蘭先生提出的「橫渠四句教」（「為天地立心，為生民立命，為往聖繼絕學，為萬世開太平」）多有關注，然而從哲學體系架構的重要性考察，「由太虛，有天之名；由氣化，有道之名；合虛與氣，有性之名；合性與知覺，有心之名」才是張載哲學的精髓，它們是張載哲學的「四句綱領」（林樂昌《20世紀張載哲學研究的主要趨向反思》，《哲學研究》2004 年第 12 期，第 20 頁）。

談論「實際」時錯誤地將「人生」理解為「幻妄」、「有為」理解為「疣贅」、「世界」理解為「蔭濁」，不懂得「因明致誠，因誠致明」的「天人合一」，妄想孤立地談論「真際」而最終是實際、真際兩相失。〔註63〕此處的「真際」、「天」皆指稱形而上的太虛本體，超越了現象的天地，故可稱太虛為天地之祖。在此意義上，太虛完全可以代稱天，此天是本體的、價值的天。

　　基於此，張載又闡釋了太虛所具有的形上超越義、心性本體義和體用一貫義。〔註64〕但是，由於程朱理學所堅持的天即理觀點，張載哲學思想所蘊含的天即太虛層面受到了他們的猛烈批判，其中關鍵的一點就是太虛，上文已對此批判作過論述，此不贅言。

二、「天即太虛也」

　　作為明代關學學者的劉璣，既受到張載哲學思想的薰陶，也受到朱子學的影響。在解讀《正蒙·乾稱篇》的「大率天之為德」章時，他提出了「天即太虛也」的觀點。

（一）遵循張載儒家路徑

　　晉代孫綽《遊天台山賦》中有「太虛寥廓而無閡，運自然之妙有，融而為川瀆，結而為山阜」一句，唐代學者李善作注稱「太虛，天也。自然，道也。無閡，謂無名。妙有，謂一也。言大道運彼自然之妙一而生萬物。」〔註65〕在此，李善雖然直接將太虛界定為天，但是其接著又從宇宙化生的角度將天消解掉，代之的是道，並且他認為此道是管子、老子、王弼等遵循的道家之道。張載在《正蒙》中明確批評道家「有生於無」的理論，此處李善所提出的「太虛，天也」的思想也自然得不到張載的認可。

　　所以，張載站在儒家道德價值的立場上，在吸收道家太虛觀點的同時，賦予天和太虛本體意涵，創建了天即太虛、太虛即天的本體論哲學。張載稱「大率天之為德，虛而善應，其應非思慮聰明可求，故謂之神。老氏況諸谷以此」，〔註66〕儒家的天，相當於道家思想中的道，即張載指出的《老子》第六章「谷

〔註63〕《正蒙·乾稱篇》，《張載集》，中華書局，1978 年版，第 65 頁。

〔註64〕邱忠堂：《論張載「太虛」的四重本體義及詮釋意義》，《雲南大學學報》（社會科學版），2013 年第 3 期。

〔註65〕蕭統：《六臣注文選》卷十一，清文淵閣四庫全書本。

〔註66〕張載：《張載集》，中華書局，1978 年版，第 66 頁。

神不死」之比喻。《正蒙會稿》解讀此章時棄道家而不顧，逕直從儒學的角度出發，稱天是太虛，在此意義上劉璣遵循了張載的路徑。

（二）天即太虛

1. 程朱批評張載之天與太虛

張載以太虛界定天，首先招致了程朱的批評。

第一，他們直接批評張載的天觀，認為張載是在人之外別立一天。程顥批評說「或者別立一天，謂人不可以包天，則有方矣，是二本也」，[註67] 據朱熹理解此處程顥所批評的對象「或者」就是張載，朱熹稱「或者別立一天，疑即是橫渠」。[註68] 究竟張載之天是不是別立之天，客觀地講不是，追求「天人合一」的張載，怎麼可能在人之外孤零零地樹立一個天呢？這其實牽涉到張載天觀的特徵問題，即在重視天人本合而不二的程顥看來，張載所要合的天不該帶有客觀性，而本應就內在人心的，不需要外求。張載所言的「人不可包天」意在消滅人的自我中心主義，從而杜絕「貪天功為己力」的愚昧之舉。張載的目的是知天，並且通過「大心」等工夫去達至。程顥批評張載的出發點便是張載達到知天的工夫論路徑，他認為天人本來合一不二，也無需外求。這裡，程顥由批評張載之天，進而批評張載的工夫論思想。

第二，程朱批評了張載用來界定天的太虛。程顥、程頤站在天理本體至實不虛角度，指責張載「清虛一大」偏於一邊，不能指稱全體的天道，也不可以作為萬物的源頭，它虛而不實且無法與至實的天理相媲美。朱熹對張載太虛的批評較多，其從形而上與形而下的角度批評張載太虛止是氣、是形而下者，[註69] 以及前文所論的其批評太虛似理但終究夾雜著氣，繼而批評太虛說得是無而不是有，太虛是「落在一邊」的虛空之無。[註70] 正如前文所論，張載之天確實與氣有密切聯繫。朱熹批評張載太虛，甚至以周敦頤無極太極思想來「糾

〔註67〕程顥、程頤：《二程集·河南程氏遺書》卷十一，中華書局，1981 年版。

〔註68〕朱熹：《朱子語錄》卷九十九，中華書局，1986 年版。

〔註69〕朱熹稱「《正蒙》說道體處，如『太和』、『太虛』、『虛空』云者，止是說氣。說聚散處，其流乃是個大輪迴。」（黎靖德編《朱子語類》卷九十九，第 2533 頁）又稱「如以太虛、太和為道體，卻只是說得形而下者，皆是『發而皆中節謂之和』處。」（黎靖德《朱子語類》卷九十九，第 2532 頁）

〔註70〕「問：『橫渠『太虛』之說，本是說『無極』，卻只說得『無』字。』曰：『無極是該貫虛實清濁而言。『無極』字落在中間，『太虛』字落在一邊了，便是難說。聖人熟了說出，便恁地平正，而今把意思去形容他，卻有時偏了。』」（黎靖德《朱子語類》卷九十九，第 2533 頁）

偏」張載太虛。但是,由於朱熹既批評又轉化張載太虛,故而他解讀包含了太虛是理、太虛是氣的矛盾。朱熹將張載太虛界定為氣,實在有違張載原意,〔註71〕後世朱子學學者也多未繼承這一點,他們承襲最多的還是朱熹時而言及的以「理」解讀太虛的思想。〔註72〕

2. 繼承《正蒙集釋》對天與太虛的解讀

以朱子學為宗旨的《正蒙集釋》解讀張載太虛時,受到朱熹太虛為理又是氣的影響,提出了「太虛即太極」的觀點,主要從理的層面解讀張載太虛。基於此,《正蒙集釋》在解讀《正蒙·太和篇》的「太虛不能無氣」章、「由太虛,有天之名」章時,分別稱「是以太虛為天,不能無氣之流行,又不能不成聚而為萬物」和「太虛,天也。一理俱包其中,混然一物,但可名天耳。既曰天,則有主宰,乃道也,理也,故虛歸之天」。〔註73〕

在此,《正蒙集釋》首先將太虛界定為天,所以才稱「太虛為天」、「太虛,天也」。繼而,其又從氣和理上對太虛為天的觀點加以說明。天與氣的關係,表現在兩個方面:一方面,形上之天憑藉形下之氣而顯現,「不能無氣之流行」即是張載所言的「由氣化,有道之名」,此處的道指太虛之天的流行之道、顯現之途;另一方面,太虛之天借助氣而化生萬物,「不能不成聚而為萬物」便是天生萬物,《正蒙集釋》引用朱熹「天以陰陽五行化生萬物,氣以成形,理亦賦焉」之語,〔註74〕其中的「氣以成形」即是此意。就天與理的關係,《正蒙集釋》認為天中含攝「一理」,即「一理俱包其中」,故而天生萬物時理自然而然地在其中。太虛之天與氣、理的關係,正是上文我們所言的「太極兼具理氣」思想,其中「天之理」具有「主宰」的地位,所以《正蒙集釋》的理氣觀是以理為主導的,這即繼承又發展了程朱的「天即理」思想。

劉璣《正蒙會稿》解讀《正蒙·乾稱篇》的「大率天之為德,虛而善應。

〔註71〕 肖發榮稱「朱子對『太虛』的理解大致可以分為兩個層次:第一,張載之『太虛』。……朱子所理解的『太虛』,前者所屬於形而下的氣,後者為形而上的理。(肖發榮:《論朱熹對張載思想的繼承和發展》,陝西師範大學博士學位論文,2007年,第54頁。)此論很有啟發意義。

〔註72〕 朱熹回答門子有關張載「太虛即氣」的「太虛何所指」時說,「他亦指理,但說得不分曉」,言下之意是認可太虛為理的,即朱熹認為張載太虛為理是很勉強的,是沒有說清楚的,所以他又說「縱指理為虛,亦如何夾氣作一處?」(黎靖德編《朱子語類》卷九十九,第2533、2538頁)

〔註73〕 《新刊性理大全》卷五,明嘉靖七十年本。

〔註74〕 《新刊性理大全》卷五,明嘉靖七十年本。

其應非思慮聰明可求，故謂之神。老氏況諸谷，以此」時，稱：

> 天即太虛也。虛而善應者，太虛妙應也。若思慮聰明可求，則
> 不得謂之神矣。況，猶譬也。〔註75〕

在此，劉璣提出的「天即太虛」觀點，實則與《正蒙集釋》的「太虛為天」、「太虛，天也」的思想相一致。劉璣立足於天，以太虛解釋天；《正蒙集釋》則以太虛為立足點，以天解讀太虛。二者實則殊途同歸，共同揭櫫了張載天觀，且賦予太虛之等同於天本體的地位。就此，《正蒙會稿》影響了後世學者的詮釋，如高攀龍在解讀「大率天之為德」也稱「天即太虛。應者屈伸相感之無窮。況，譬也。老子所謂『谷神不死』，況天之虛而應也」，〔註76〕楊方達《正蒙集說》也稱「天即太虛也。善應者，屈伸相感之無窮也」。〔註77〕

（三）理氣一

不過，高攀龍、楊方達與劉璣所言「天即太虛」有本質區別。劉璣用來界定天的太虛是理，理的發用妙應就是太虛之妙應，所以稱之謂神。高攀龍則不然，他在解讀《乾稱篇》第十四章「太虛者，氣之體」時稱「天地之間，一氣而已，氣湛然太虛而已」，〔註78〕高攀龍堅持太虛為虛空、為氣，他在解讀《正蒙·太和篇》之「太虛無形，氣之本體」時以及與泰州學派之管志道論辯中，都曾言太虛是氣而不是理。〔註79〕清代楊方達認為太虛是虛空，是空間，在解讀《正蒙》首篇首章時稱「言太虛無形之中而氣之本體存焉，即太極也。然太極如『性』字，太虛如『靜』字，太極如『中』字，太虛如『未發』字。太虛無形而立無極之真，非太虛為太極也」，〔註80〕明確提出太虛不是太極之理，僅僅是形容、表述太極狀態的「靜」和「未發」，可見在楊方達所言「天即太虛」中的太虛更不可能是理。其實，這種以氣解釋太虛和天的觀點正是與前文所言唐代李善的太虛觀相符合，小劉璣十七歲的關中學者馬理在其去世前一

〔註75〕劉璣：《正蒙會稿》卷四，明正德十五年刻本。
〔註76〕高攀龍集注、徐必達發明：《正蒙釋》卷四，明萬曆刻本。
〔註77〕楊方達：《正蒙集說》卷十七，清乾隆復初堂刻本。
〔註78〕高攀龍集注、徐必達發明：《正蒙釋》卷四，明萬曆刻本。
〔註79〕「『太虛，即虛空也。』」（高攀龍集注、徐必達發明：《正蒙釋》卷一，明萬曆刻本。）「（管志道）曰：『即此便不是謂氣在虛空中則可，豈可便以虛空為氣？』余（高攀龍）曰：『謂氣在虛空中，則是張子所謂以萬象為太虛中所見之物。虛是虛，氣是氣，虛與氣不相資入者矣。』」（《與管東溟虞山精舍問答》，載高攀龍《高子遺書》卷三，清文淵閣四庫全書本。）
〔註80〕楊方達：《正蒙集說》卷一，清乾隆復初堂刻本。

年示人的《周易贊義》中所言的「太虛即天」正是此意。〔註81〕

劉璣對「天即太虛」中的太虛和天進行了多方面的論述,從而避免了將張載之天和太虛貶低為氣,主要體現在天即理、太虛之虛與氣化之氣等思想中。

1.「天即理也」

劉璣在解讀《正蒙・太和篇》的「由太虛,有天之名」章時稱:

> 天即理也。然不曰理而曰天,以此理在太虛之中,未涉於形也,若水尚在源未及流而為川,故不曰理而曰天也。如化機一動,闢矣;闔,靜矣。而動為寒暑、晝夜、雨露、雪霜,生長萬物形形色色,則有道之名矣。道猶路也,萬物由之以出入者也,故謂之道。然猶未及於物,至若合太虛之虛與氣化之氣,則即「天以陰陽五行化生萬物,氣以成形,理亦賦焉」,而人物得之以為性也。人雖得此以為性,若非氣之虛靈,則不能作為運用而盡性焉。故又合性與人身血氣之知覺,則心之名始由之而立也。是心也、性也、道也、天也,其實一理而名異耳。〔註82〕

如前文所言,「天即理」是程朱思想的主旨,張載雖然曾經說過「上達反天理」,但未曾直言「天即理」。劉璣在此援引了「理」以解讀天,並進而定位太虛,將朱子「天即理」思想與張載「由太虛,有天之名」的思想相融合。劉璣稱張載不言理而言天的原因是「此理在太虛中,未涉於形」,即:此理在本體層面,未及賦予人物也。一旦言及生化萬物的生成論層面,通過氣化之道形成寒暑、晝夜、雨露、霜雪,在此基礎上「合太虛之虛與氣化之氣」便最終化生出人與物。就此,劉璣同《正蒙集釋》一樣也引用了朱熹對《中庸》「天命之謂性」的解讀,即「天以陰陽五行化生萬物,氣以成形,而理亦賦焉」,〔註83〕「太虛之虛」為理,「氣化之氣」是氣,從理氣兩個方面界定天生萬物的過程。最終,劉璣稱「是心也、性也、道也、天也,其實一理之異名也」,充分表現了受朱子學影響明代關學學者融合程朱思想以解讀張載哲學的努力。通過將張載定位為程朱般的理學家,一定意義上削弱了張載哲學中太虛思想,

---

〔註81〕「乾內而艮外,則天在山中,山包天之外矣。蓋太虛即天,凡山中地上,虛而通氣者即天。故山中氣候寒暖與山外不同,其物之生長收藏亦異。是山畜乎天,誠不小也。」馬理:《周易贊義》卷三,明嘉靖三十五年鄭絅刻本。

〔註82〕劉璣:《正蒙會稿》卷一,明正德十五年刻本。

〔註83〕朱熹:《四書章句集注・中庸章句》,中華書局,1983年版,第17頁。

從而避免了張載氣論思想走向道家「有生於無」的危險。在此，劉璣以「此理在太虛中，未涉於形也」解讀張載「由太虛，有天之名」，確實有牽強附會之嫌。

在解讀《正蒙・神化篇》的「先後天而不違」章和《誠明篇》的「天人異用」時，劉璣又講到「天即理也」和「天者，天理之本然也」。

> 天即理也。《易》曰「先天而天不違，後天而奉天時」云者，乃順此至理以推行，動與天俱，所知無往而不合也。雖然，此但大而以聖為己任者，皆可企而及之。固不免假乎勉，亦不失為聖人，何害之有？蓋大則去聖為不遠，化則位乎天德而入乎神矣。大，果何害於聖哉？〔註84〕

> 凡稱天者，天理之本然也；稱人者，人事之當然也。「天人異用」，謂於人事之當然者雖實，而天理之本然處或有未實，則不足以言誠也。「天人異知」，謂於人事當然者雖知，而天理之本然處或有未知，則不足以盡明也。「所謂誠明者」，必性與天道有合一之妙，無小大之分而後可。〔註85〕

《周易・文言》中有大人與天地合德的思想，劉璣在此強調的是張載「天人合一」思想。張載在《橫渠易說》中對「夫大人者，與天地合德」解釋為「天地合德，日月合明，然後能無方無體，然後無我，先後天而不違，順至理以推行，知無不合也。雖然，得聖人之任，皆可勉而至，猶不害於未化爾。」〔註86〕很顯然，張載強調聖人達至無我境界，自然便與天合德，遵循至理行事而無有不與天合者。劉璣繼承張載思想，將此「至理」歸之於天，稱「天即理」，「與天地合德」即是與此理相合。「動與天俱」，便是行為舉止與理相一致。

此「動」有「先天」和「後天」兩個方面，張載未曾分的明曉。劉璣在回答學生「先後天而不違，《易》之本旨如何」的提問時，稱「先天而天弗違，如禮雖先王未之有，而可以義起之類。蓋雖天所未為而吾義之所為自與道契，天亦不能違也。後天而奉天時，如天敘有典，天秩有禮之類。雖天之已為，而禮之所在，吾亦奉而行之耳。」〔註87〕於此，劉璣暗引朱熹的話語，與《朱子

〔註84〕劉璣：《正蒙會稿》卷一，明正德十五年刻本。
〔註85〕劉璣：《正蒙會稿》卷二，明正德十五年刻本。
〔註86〕張載：《橫渠易說》，《張載集》，中華書局，1978年版，第80頁。
〔註87〕劉璣：《正蒙會稿》卷一，明正德十五年刻本。

語類》卷六十九相差無幾，其「天即理」思想來自於朱熹無需質疑，人言行皆與道合，無論先天之無還是後天之有，都符合作為天之禮的理。

基於此，劉璣將張載的天人相合思想解讀為理與人相合，即「天理之本然」與「人事之當然」的合一，人的積極有為在其中起著關鍵作用。人要在自身上修養，達到誠明境界，做到「性與天道」合一，便可擺脫落入「天人異用」、「天人異知」的困境。可見，劉璣已經將本體層面的「天即理」思想引入至工夫層面。這一點在他解讀《正蒙·至當篇》之「上達則樂天」章時，稱「天即理也。『上達』則心與理契，故樂而不怨。『下學』則惟知治己，故不暇尤人。」〔註88〕正是在「天即理」的基礎上，「上達」工夫才能夠達至「心與理契」的境界。

2.「心與理一」

在「心與理契」之外，劉璣還講「心與理一」、「心與理會」、「心與理融」，〔註89〕它們都是修養工夫目標所在，是「天人合一」的真實內涵。天即太虛，天即理，則太虛即理。心與理一，則心與太虛一，所以劉璣才說「『有無為一，內外相合』、『此人心之所自來』，蓋太虛之本體然也。」〔註90〕在張載哲學中，太虛本體是道德價值的本原，所以張載講「虛者，止善之本也，若實則無由納善矣」和「天地以虛為德，至善者虛也」。〔註91〕所以，主張「天即太虛」、「天即理」的劉璣，繼承張載太虛至善的思想，在解讀《正蒙·誠明篇》之「莫非天也」章時，提出了「全天理之善」的觀點。

> 「莫非天」者，陽明陰濁，皆天理也。陽明勝，則德性用事，謂人所稟之氣，陽明勝夫陰濁，則天君泰然、百體從令，而日用之間莫非義理之發見矣。若陰濁勝夫陽明，則人心為主，道心聽命，而外誘之私得以乘間而入矣。領惡全好，去其陰濁，存其陽明，此非學問之功不能。故曰「其必由學乎」。領，方氏謂「總攬，收拾之也」。好惡對立，一長一消，惡者收斂而無餘，善者渾然而無虧矣。一說：「領惡」猶言「克己」也，非禮勿視、聽、言、動，「所以克去己私之惡，而全天理之善也」。〔註92〕

〔註88〕劉璣：《正蒙會稿》卷三，明正德十五年刻本。
〔註89〕劉璣：《正蒙會稿》卷三、卷三、卷四，明正德十五年刻本。
〔註90〕劉璣：《正蒙會稿》卷四，明正德十五年刻本。
〔註91〕張載：《張子語錄》，《張載集》，中華書局，1978年版，第307、326頁。
〔註92〕劉璣：《正蒙會稿》卷二，明正德十五年刻本。

　　天生人以氣，人所稟受之氣有陽有陰，而天理存於氣中。當陽勝陰時，日用發見皆是，然而當陰勝陽時，則道心聽命於人心。張載以《尚書》之道心、人心解讀《禮記》之天理、人慾，最早辨別了道心與人心、天理與人慾，在其佚書《禮記說》中稱「窮人慾則心無虛，須立天理。人心者，人慾。道心者，天理。窮人慾則滅天理。既無人慾，則天理自明，明則可至於精微。謂之危，則在以禮制心」、「滅天理而窮人慾，今當復反歸其天理。古之學者便立天理，孔孟而後其心不傳，如荀揚皆不能知」。〔註93〕張載之語中的「立天理」、「滅天理」、「窮人慾」和「無人慾」等思想，實際上為朱熹「存天理，滅人慾」思想的先聲。〔註94〕關於人心、道心，朱熹曾經說過「聖人不以人心為主，而以道心為主。蓋人心倚靠不得。人心如船，道心如柁，任船之所在，無所向，若執定柁，則去住在我。」〔註95〕

　　就人心與道心，劉璣認為「人心為主，道心聽命」，則私欲容易進入心中，從而強調學以修身全善的工夫。在此，劉璣特別引用宋代胡瑗的弟子劉彝之說，〔註96〕稱「領善」為「克己」，克去一己之私，成全天理之善。後來，余本《正蒙集解》在解讀《正蒙》此章中明引「領惡，猶言克己也」，稱其為劉璣所言。〔註97〕

3.「理與氣一而已」

　　上文中，劉璣以「合太虛之虛與氣化之氣」解讀「合虛與氣，有性之名」，其中的太虛之虛是理、氣化之氣是生化之氣，它們與「理在太虛之中」、「氣在太虛之中」、「理氣一而已」等思想密切相關，共同構建起劉璣「天即太虛」的思想體系。在「天即太虛」和「天即理」基礎上，劉璣相繼提出了「理氣皆在太虛中」和「理氣一」的思想。

　　第一、理氣皆在太虛之中

〔註93〕衛湜：《禮記集說》卷九十二，清通志堂經解本。

〔註94〕黃宗羲：《宋元學案》卷四十八，中華書局，1986年版，第1544頁。

〔註95〕黎靖德編：《朱子語類》卷七十八，中華書局，1986年版，第2009頁。

〔註96〕元代陳澔《雲莊禮記集說》卷九引用劉彝之語，「『領惡』猶言『克己』也，視、聽、言、動，非禮則勿，所以克去己私之惡，而全天理之善也。『一日克己復禮，則天下歸仁』，所以鬼神、昭穆、死喪、鄉黨、賓客之禮，無所往而不為仁也。」劉彝（1017～1086），字執中，福建長樂人，從學胡瑗，得授《周禮》，著有《七經中義》（周禮中義）、《禮記大全》、《洪範解》、《明善集》、《居陽集》、《贛州正俗方》等。

〔註97〕余本：《正蒙集解》，《新刊性理大全》卷五，明嘉靖十七年本。

劉璣解讀《正蒙‧太和篇》的「氣塊然太虛」時稱「氣在太虛之中，如塵埃也。……氣在太虛，升降不已，如息之呼吸，而萬物賴之以生者也。」[註98]太虛之中的氣為何？劉璣認為太虛之中的氣是元氣，其在解讀《正蒙》「參兩篇」的「地有升降」時稱「蓋天包水，水承地，一元之氣升降於太虛之中。地承氣力，元氣相為升降故也。」此是劉璣暗引元人黃瑞節之語，[註99]只不過劉璣將黃瑞節的「地乘水力」改換為「地承氣力」，更加強調其中的氣概念。「一元之氣」即是元氣，劉璣多次論及之。

在《正蒙》「參兩篇」之「一物兩體，氣也」章的釋文中，劉璣以太虛中的氣解讀張載「天參」，稱：

> 太虛之中有一物而兩體者，氣而已。氣惟一物，故「周行乎事物之間」，無在而無不在。如「陰陽屈伸、往來上下，以至於行乎十百千萬之中，無非這一個物事」。發微而不可見，充周而不可窮也。氣惟兩體，有陰有陽，故能化生萬物。然陰陽變化，「雖是兩，要之，亦推行乎一爾。」一者兩之體，兩者一之用。一也，兩也，「此天之所以參也」。[註100]

在此，劉璣依然引用了朱熹的解讀，其中的「周行乎事物之間」、「陰陽屈伸、往來上下，以至於行乎十百千萬之中，無非這一個物事」、「雖是兩，要之，亦推行乎一爾」都是朱熹之語。然而，「太虛之中有一物而兩體者，氣而已」則是劉璣自己的解讀，與張載「一物兩體者，氣也」的思想相一致，並且將此氣置於太虛之中來解讀「天參」。太虛之中的氣有陰有陽，是為兩體，二者變化而生成萬物，實則一物之推行。一是體，兩是用，一是元氣，兩是陰陽二氣，二者皆在太虛之中。所以，劉璣才說「氣惟一物」、「氣亦太虛中之一物耳」、[註101]「陰陽二氣在太虛中」，[註102]太虛之中的氣，是元氣，元氣為陰陽二氣之合，它「實氣之本體」，[註103]劉璣稱之為「太虛之氣」，楊方達《正蒙集說》解讀「兩不立則一不可見」時繼承劉璣而直言「一即太虛之氣，

〔註98〕劉璣：《正蒙會稿》卷一，明正德十五年刻本。
〔註99〕黃瑞節稱「至於論潮，則謂：天包水，水承地，一元之氣升降於太虛之中。地乘水力，與元氣相為升降故。」《新刊性理大全》卷五，明嘉靖十七年本。
〔註100〕劉璣：《正蒙會稿》卷一，明正德十五年刻本。
〔註101〕劉璣：《正蒙會稿》卷四，明正德十五年刻本。
〔註102〕劉璣：《正蒙會稿》卷一，明正德十五年刻本。
〔註103〕劉璣：《正蒙會稿》卷一，明正德十五年刻本。

而理之所寓也。一其體，兩其用。體立而後用行，用行而體斯著矣。」〔註104〕

張載早年在《橫渠易說》中曾經使用「太虛之氣」一次，其稱「太虛之氣，陰陽一物也，然而有兩體，健順而已。」〔註105〕在晚年的《正蒙》中，張載雖然講以氣來界定「一物兩體者」，然而「太虛之氣」則未曾出現。其後，直到明代初期的《正蒙》注解著作中才開始出現以「太虛之氣」解讀「一物兩體者」。前文所論佚名《正蒙集釋》解讀此章時，稱「『一物而兩體，氣也』，不過言太虛之氣本一物，而有兩儀之陰陽本氣，而『一故神，兩故化』焉。」〔註106〕然而，《正蒙集釋》從「太虛即太極」的觀點出發，特別提出不可專以氣言「一物兩體」，因為其中有神、有理，上文已論及，此不贅言。在《正蒙會稿》中，「太虛之氣」凡六見，分別出現在劉璣對《正蒙》「太和篇」之「氣聚則離明得施而有形」章、「氣之聚散於太虛」章和「兩不立則一不可見」章、「天道篇」之「運於無形之謂道」章和「鼓萬物而不與聖人同憂」章、「大易篇」之「顯其聚」章的解讀中。

> 必太虛之氣聚為有象，則此「離明」可得而施，不聚則明無所用矣。方其氣之聚而為有象，自無而有，「安得不謂之客」，況聚為散之因乎？方其氣之散而入於無形，自有而無，「安得遽謂之無」，況散為聚之故乎？〔註107〕

> 氣有聚散，猶冰有凝釋。聚則凝，散則釋。知水之冰，則知太虛之氣矣。知其即氣，則有無混一之常了然於心胸，而有生於無之說不攻自破矣。〔註108〕

> 「一」，即太虛之氣，而理之所寓也。「兩」，謂陰陽之虛實、動靜、聚散、清濁也。惟是陰陽有虛有實、有動有靜、有聚有散、有清有濁，則一可得而見。〔註109〕

> 太虛之氣默運於沖漠無朕之中，初無方體之可見，是乃謂之道焉。〔註110〕

〔註104〕楊方達：《正蒙集說》卷一，清乾隆復初堂刻本。
〔註105〕張載：《橫渠易說》，《張載集》，中華書局，1978年版，第231頁。
〔註106〕《正蒙集釋》，《新刊性理大全》卷五，明嘉靖十七年本。
〔註107〕劉璣：《正蒙會稿》卷一，明正德十五年刻本。
〔註108〕劉璣：《正蒙會稿》卷一，明正德十五年刻本。
〔註109〕劉璣：《正蒙會稿》卷一，明正德十五年刻本。
〔註110〕劉璣：《正蒙會稿》卷一，明正德十五年刻本。

太虛之氣，陰陽而已。〔註111〕

「顯其聚」者，方其有象可觀，此太虛之氣聚而為萬物也。「隱其散」者，及其無跡可見，則萬物散而歸於太虛矣。〔註112〕

劉璣所言「太虛之氣」即前文中他所言「太虛之中」的氣。此氣可聚可散，氣聚則是自無象而有象，氣散則是自有形而無形。離卦的象之成、德之用，全依靠在於此氣之聚散。因聚散而有「自有而無」和「自無而有」雙向融合思想，從而有異於道家之單向的「有生於無」之說。一物為太虛之氣，兩體為陰陽二氣，一物二氣實則相融不分，所以劉璣才既講「氣在太虛之中」，又講「陰陽二氣在太虛之中」。

劉璣在講「氣在太虛之中」的同時，又稱「理在太虛之中」，前文所言對《正蒙》「太和篇」之「由太虛，有天之名」的釋文中，劉璣曾說「天即理也。然不曰理而曰天，以此理在太虛之中，未涉於形也，若水尚在源未及流而為川，故不曰理而曰天也。」〔註113〕太虛之中的理依然是處於形而上層面的，其未曾涉及形而下層面的現象，劉璣有時稱之為「太虛之虛」。〔註114〕它的特性與太虛之中氣相同，太虛之氣在成象為形之前也是無方無體的。其實，此處已經涉及下面我們要討論的理氣關係問題了。

第二、「理氣一而已」

劉璣既講氣在太虛之中，又稱理也在太虛之中，理氣究竟是什麼關係呢？劉璣認為理氣的關係是「一」，即「理氣一而已」。此「一」具有體用兩層面的涵義：本體層面，在太虛之中，理與氣具有相涵相乘關係，即太虛含攝著理與氣，此氣、此理皆屬形而上層面，都無形無象；發用的層面，陰陽二氣化生萬物的過程中，氣以成形，而理以賦性，即劉璣所言「至若合太虛之虛與氣化之氣，則即『天以陰陽五行化生萬物，氣以成形，理亦賦焉』」，〔註115〕其中的「太虛之虛」是理、「氣化之氣」是氣，二者都屬流行發用層面。

劉璣在《正蒙》「太和篇」之「知虛空即氣」章時稱：

「虛空即氣」，氣即理之所寓，言氣則理在其中矣，理氣一而已。

曰「有無、隱顯、神化、性命」者，名之異耳，其實無二也。但有聚

〔註111〕劉璣：《正蒙會稿》卷一，明正德十五年刻本。
〔註112〕劉璣：《正蒙會稿》卷四，明正德十五年刻本。
〔註113〕劉璣：《正蒙會稿》卷一，明正德十五年刻本。
〔註114〕劉璣：《正蒙會稿》卷一，明正德十五年刻本。
〔註115〕劉璣：《正蒙會稿》卷一，明正德十五年刻本。

散出入、形與不形之分。聚而出則有、則顯，所謂形也；散而入則無、則隱，所謂不形也。然莫非神化性命之所為。知此，則為能推所從來而深於易矣。「虛能生氣」者，謂老氏以理氣分先後也，故謂「有生於無」。如此，則理無窮氣有限，體用不相屬。是不知吾儒所謂理氣，有則俱有、有無合一之常也。以「萬象為太虛中所見之物」者，謂釋氏以理氣為二物也，故「以山河大地為見病」。如此則理自理，氣自氣，天人不相須，是以不知吾儒所謂天地萬物本吾一體也。道之不明，正坐此耳。憒者，即釋氏也。釋氏知虛空為性，似矣。然不知天道為用，反以一己之偏見因緣天地，謂以區區之意見窺造化之微也。至其明之有未盡，則有一切指世界為幻化。「幻化」者，猶以四大為假合之說也，是幽與明皆不能舉其要矣。幽明，即陰陽鬼神晝夜之謂。「一陰一陽」者，陰陽氣也，其理則所謂道。〔註116〕

「虛空即氣」，說的是理氣關係，即氣中皆有理。虛空不虛，其中有理。「虛空即氣」，即是理氣密切相聯繫。「氣即理之所寓，言氣則理在其中矣，理氣一而已」，理氣一即是上文提及的太虛之中的理與氣相涵相依。

在此基礎上，劉璣批評道家基於「虛能生氣」的「有生於無」的觀點。劉璣認為，道家虛與氣、有與無有先後之分，即是「理氣分先後」，如此則導致了理氣相隔絕，體用不相關聯。儒家從「理氣一而已」出發，則可以避免理學的隔絕，堅持理氣「有則具有、有無合一」的真理。所以，劉璣稱張載「知太虛即氣」是「知太虛之氣矣。知其即氣，則有無混一之常了然於心胸，而有生於無之說不攻自破矣。」〔註117〕劉璣也批評佛教，稱其有「以理氣為二物」之弊端，容易導致「理自理，氣自氣，天人不相須」。

理與氣，在道家為「生」的關係，是先有理後有氣，理氣分先後。佛家的「萬象為太虛中所見之物」，理是理、氣是氣。朱熹的理氣關係，既堅持理先氣後，稱「未有這事，先有這理」，〔註118〕又認為理氣無先後，稱「理與氣本無先後之可言」。〔註119〕朱熹這種本無先後又有先後的理氣關係，在明代理學家眼中是有弊端的，所以曹端、薛瑄修正朱熹理氣觀，曹端稱「太極，

〔註116〕劉璣：《正蒙會稿》卷一，明正德十五年刻本。
〔註117〕劉璣：《正蒙會稿》卷一，明正德十五年刻本。
〔註118〕黎靖德編：《朱子語類》卷九十五，中華書局，1986年版，第2436頁。
〔註119〕黎靖德編：《朱子語類》卷一，中華書局，1986年版，第3頁。

理也。陰陽，氣也。有理則有氣，氣之所在，理之所在也。理豈離乎氣哉！」
〔註120〕薛瑄稱「理氣間不容髮，如何分孰為先，孰為後」、「理只在其中，決
不可分先後」。〔註121〕明初理學對朱熹理氣關係的修正，削弱了宇宙本體論，
強化了宇宙生成論。劉璣「理氣無先後」、「理氣不為二」的理氣合一思想，
正是延續了明初理氣觀，用以解讀張載的虛氣思想，並進而批評道家和佛家
思想。

　　朱熹以人乘馬比喻理氣動靜關係，〔註122〕曹端批評它容易導致「人為死
人，……理為死理」的弊端。〔註123〕劉璣以「合太虛之虛與氣化之氣」解讀
張載「合虛與氣，有性之名」，此處的虛與氣已經不是本體論層面的太虛之虛
和太虛之氣也，其是天生萬物過程中理氣關係，涉及到理氣動靜的問題，即「理
乘氣而動，氣中涵乎理」。〔註124〕劉璣認為，理氣不分先後，理氣不為二物，
「理氣一而已」。理在太虛之中，氣也在太虛之中，它們是太虛之理與太虛之
氣，所以劉璣講「不能外此氣以為理」和「太虛之氣，理之所寓也」。〔註125〕

　　綜上所論，我們可以將劉璣《正蒙會稿》的「天即太虛」思想總結如下：

　　天⟷太虛、天⟷理。

　　太虛之中→理（太虛之虛）、太虛之中→氣（太虛之氣）→氣化之氣。

　　理＋氣→人物＝太虛之虛＋氣化之氣→人物之性。

　　理⟷氣、理⟷心。

　　第一個層面是形而上學層面：「天即太虛」、「天即理」，具體內涵為太虛之
中「有則具有」的理與氣，理無形氣亦無形。

　　第二個層面是發用流行層面：理＋氣→人物＝太虛之虛＋氣化之氣→人
物之性。天生萬物，理氣聚在，此理是分殊之理，此氣是陰陽變化之氣。

　　第三個層面是工夫修養論層面，即劉璣所講的「理與氣一」和「心與理一」
思想。

〔註120〕曹端：《太極圖說述解》，《曹端集》，中華書局，2003 年版，第 7 頁。

〔註121〕薛瑄：《讀書錄》卷三、《明儒學案》第 118 頁。

〔註122〕黎靖德編：《朱子語類》卷九十四，「太極理也，動靜氣也。氣行則理亦行，
　　　　二者常相依而未嘗離也。太極猶人，動靜猶馬。馬之一出一入，人亦與之一
　　　　出一入。蓋一動一靜，而太極之妙未嘗不在焉。」

〔註123〕曹端：《太極圖說述解》，《曹端集》，中華書局，2003 年版，第 23 頁。

〔註124〕劉璣：《正蒙會稿》卷一，明正德十五年刻本。

〔註125〕劉璣：《正蒙會稿》卷一，明正德十五年刻本。

第三節　以關學解讀《正蒙》

劉璣作為明代初中期的關學學者，思想上受到來自河東學派薛瑄為代表的朱子學影響，如上文中對理氣觀的修正即是明證。不過，劉璣師從人比「橫渠」的李錦，其對《正蒙》的解讀具有明代關學的特點。

朱熹曾經說《正蒙》「精深難窺測，要其本原，則不出《六經》、《語》、《孟》，且熟讀《語》、《孟》，以程門諸公之說求之，涵泳其間，當自有得，然後此等文字，可循次而及，方見好處。」〔註126〕劉璣「惜乎先儒論注雖多，而或散見於各傳。況張子多斷章取義，又有與本注不同者。……中間所引經傳，舊有注者固不敢妄為之說。其有非本文所當注而注者，則欲學者因此識彼，而且易於考證也。」〔註127〕在此，劉璣所言「先儒」當指朱熹，《朱子語類》中存有大量朱熹討論《正蒙》的內容。劉璣認為先儒有關《正蒙》的論注雖多，但是卻散亂不集中，加之《正蒙》內容多是對先秦儒家經典的「斷章取義」，又存在與經典的原注不同者。故而，在《正蒙會稿》中，劉璣對朱熹《正蒙》注解既有繼承也有修正，即他說「舊有注者固不敢妄為之說」和「其有非本文所當注而注者，則欲學者因此識彼，而且易於考證也」。劉璣《正蒙會稿》多引用朱熹之語，如在解讀《正蒙》「太和篇」第一章時，其引用朱熹《周易本義》「太和者，陰陽會合沖和之氣也」，並且對朱熹的「彼以『太和』狀道體」加以解釋，稱「張子狀道之體，以為道理悉從氣上流行出來，故指太和以名道，以人之即氣見道耳。」〔註128〕

劉璣雖然繼承朱熹對《正蒙》的解讀，但是很多地方表現出以關學解讀《正蒙》的特點。朱熹繼承二程批評張載「清虛一大」的傳統，稱太虛不可能兼該虛實，以其來形容道體實際上有偏於一邊之弊。然而，劉璣《正蒙會稿》中則從未批評過張載，就「清虛一大」，劉璣極力維護張載，稱「『大且一』者，謂神易不但大而且一爾。一，即『天一而實』之『一』。蓋張子以『清虛一大』名天道，則此『一』實以『純一不已』為言焉。」劉璣引用唐代呂岩、元代郝經之語解讀「清虛一大」，呂岩稱「易不可窮，則純一不已，天人相為貞勝也」、〔註129〕郝經稱「天一而實，其體虛」。〔註130〕天易不窮，純一是天。天為一，

〔註126〕王植：《正蒙初義·序論》，清文淵閣四庫全書本。

〔註127〕劉璣：《正蒙會稿》卷一，明正德十五年刻本。

〔註128〕劉璣：《正蒙會稿》卷一，明正德十五年刻本。

〔註129〕呂岩：《呂子易說》卷下，清乾隆曾燠刻本。

〔註130〕郝經：《續後漢書》卷八十四上上錄第二上上，清文淵閣四庫全書本。

張載「清虛一大」指稱天，其具有虛、實雙重特性。由此，通過劉璣的解讀，程朱對張載「清虛一大」的批評則隨之被化解了。朱熹批評張載「太虛」、「太和」只是說氣，劉璣則不這麼認為，其稱太和為氣，而太虛則不是僅僅說氣。劉璣以「天即太虛」思想解讀《正蒙》，指出太虛之中不僅有氣，也有理，理氣皆在太虛中，如此則屏去了朱熹對「太虛」的批評。如前所論，《正蒙集釋》承襲了朱熹對張載《正蒙》的批評。浙江壽昌朱子學者劉儓著《正蒙解》，謹遵朱熹理氣思想，批評張載《正蒙》達六十多處。與二者相較，劉璣《正蒙會稿》從未批評《正蒙》，其以關學學者的身份解讀《正蒙》的態度則更為明顯。

前文我們曾論及劉璣「天即太虛」思想與《正蒙集釋》的一致性，以及《正蒙會稿》對高攀龍、楊方達的影響，此不贅言。余本《正蒙集解》稱「天指太虛」、「太虛，理也」，〔註131〕劉儓《正蒙解》說「太虛者，理也。所謂以理言之，謂之天也」，〔註132〕他們從理氣關係上著眼，都將太虛界定為理，完全以朱熹理氣觀解讀張載虛氣觀。劉璣則不然，他不講太虛為理，而是稱「天即太虛」、「天即理」，太虛之中有理也有氣。劉璣稱「太虛，虛空也。……太虛無形可見，而實氣之本體。」〔註133〕其中，朱熹曾經將太虛與虛空並列並加以批評，劉璣此處所言太虛的虛空並不是絕對的空無，而只是表示太虛「無形可見」，再結合其「氣在太虛之中」、「太虛之氣」的思想，則可以理解劉璣所言的太虛實為「氣之本體」的思想。清代王植將太虛分疏出三個層面的義涵，解讀「虛空即氣」時稱「虛空，即太虛。虛空無形者，皆氣之充塞，故曰『虛空即氣』也。『隱』與『無』帖虛，屬第一層；『顯』與『有』帖氣，屬第二層。」〔註134〕王植以太虛為氣所充塞的虛空，與劉璣氣在太虛之中的思想相一致，而虛氣分屬第一層和第二層的思想，則與劉璣虛氣皆在太虛中的思想不同。

任陝西提學副使的何景明對《正蒙會稿》給予了很高評價，何氏稱「比見近山劉先生《會稿》，明正通達，不為曲說隱語，而事理無不得者」，並希望「關中諸生，人置一本」，所以當他看到正德十五年本《正蒙會稿》時欣然為序。〔註135〕韓邦奇稱自己的《正蒙解結》「大抵先其難者」而章式之《發微》「大抵詳於易者」，而當他從何景明處得到《正蒙會稿》，發現《正蒙會稿》「難易

〔註131〕《新刊性理大全》卷五，明嘉靖十七年本。

〔註132〕《新刊正蒙解》卷一，明嘉靖二十四年本。

〔註133〕劉璣：《正蒙會稿》卷一，明正德十五年刻本。

〔註134〕王植：《正蒙初義》卷一，清文淵閣四庫全書本。

〔註135〕劉璣：《正蒙會稿》卷一，明正德十五年刻本。

兼舉，詳而不遺」，所以他燒掉了自己的《正蒙解結》。〔註136〕

　　劉璣《正蒙會稿》繼承了佚名《正蒙集釋》以朱子學解讀《正蒙》的一些思想，然而《正蒙會稿》堅持的是以明代關學解讀《正蒙》的立場。劉璣《正蒙會稿》影響了余本《正蒙集解》、韓邦奇《正蒙拾遺》、高攀龍《正蒙集注》和楊方達《正蒙集說》，〔註137〕其中韓邦奇繼承發展了《正蒙會稿》以關學解讀《正蒙》的特點，劉璣不批評《正蒙》，韓邦奇則表彰《正蒙》。〔註138〕另，《宋元學案》卷十七於《正蒙》部分附有注解，其中引用劉璣《正蒙會稿》四次。

〔註136〕劉璣：《正蒙會稿》卷一，明正德十五年刻本。焚燒掉《正蒙解結》後，韓邦奇又著《正蒙拾遺》，原因是包括劉璣《正蒙會稿》在內的諸家注解未全得「張子大旨」且對有些章句的解讀「尚欠詳明」。（韓邦奇：《性理三解・正蒙拾遺》卷一，清嘉慶七年本）

〔註137〕楊方達：《正蒙集說・例言》稱「劉近山《會稿》，平易明曉，然失之淺」，清乾隆復初堂刻本。另，楊方達《正蒙集說》的大部分內容為暗引劉璣《正蒙會稿》、高攀龍《正蒙集注》、徐必達《正蒙發明》和李光地《注解正蒙》。

〔註138〕韓邦奇曾說「論道體乃獨取張橫渠」、「自孔子而下，知『道』者惟橫渠一人」、「橫渠灼見道體之妙」。（韓邦奇：《性理三解・正蒙拾遺》卷一，清嘉慶七年本）

第六章　結　論

第一節　明代是《正蒙》注解史的繁盛期

一、《正蒙》注解史

先秦經典著作，在歷代傳承過程中形成了大量注解疏證性著作，形成了以各個經典為核心的注解史，學界給予持久關注的易學、春秋學、論語學、孟子學、老學、莊學、墨學等都是以各自的注解史為基礎的。故而，有人甚至稱中國文化（哲學）史就是先秦經典著作的注解史。也許正是基於這種思考，馮友蘭在 1934 年出版的《中國哲學史》中，將中國哲學史分成子學時代和經學時代，並且以「舊瓶裝新酒」概括孔子至淮南王的子學時代與董仲舒至康有為的經學時代之間的關係。〔註1〕

北宋儒學復興，相較於注重章句訓詁的漢唐儒學，我們冠以側重闡發原始儒家經典著作義理內涵的北宋儒學以新儒學的名字。北宋新儒家在注解詮釋子學經典的同時，也有人開始從事更具造道意義的獨立著作撰寫，張載即屬此類哲學家，《正蒙》就是此類著作。較之於先秦原始儒家、原始儒學，北宋儒家、儒學是新儒家、新儒學。那麼，較之於先秦原始子學，我們也可以稱北宋新子學，或者先秦大子學而北宋小子學。在此意義上，作為北宋五子的張載，

〔註1〕馮友蘭：《中國哲學史》下冊，中華書局，1961 年，第 492、493 頁。馮氏稱「在經學時代中，諸哲學家無論有無新見，皆須依傍古代即子學時代哲學家之名，大部分依傍經學之名，以發布其所見。其所見亦多以古代即子學時代之哲學中之術語表出之。此時諸哲學家所釀之酒，無論新舊，皆裝於古代哲學，大部分為經學，之舊瓶內。」

其書《正蒙》便可歸之於北宋新儒家的子書之列。

作為子書的《正蒙》，在宋、元、明、清歷代出現了大量關於它的注解著作，這在客觀上形成了《正蒙》注解史，甚至在一定意義上呈現出一種新子學，即張載《正蒙》學。

二、《正蒙》注繁盛期表現

從注本數量、體例以及注解方式等方面衡量，《正蒙》注解史可以分為四個階段。宋代是《正蒙》注解初始期，元代是形成期，明代是繁盛期，清代是發展期。據統計，《正蒙》注解著作，宋代有四家、元代有兩家、明代有二十六家、清代有十四家，共計四十六家，其中存世者有二十三家。

僅從注本數量上看，明代是《正蒙》注解著作湧現最多的階段。據統計，宋、元兩代出現的六種《正蒙》注解著作中，沈貴珤《正蒙解》、熊禾《正蒙句解》、鄭元善《補正蒙解》和朱隱老《正蒙書說》四種注本皆已亡佚，僅存朱熹注和熊剛大《正蒙句解》兩種。

明代近三百年歷史，《正蒙》注可以劃分為三個時期，即洪武至成化（1368～1464）、天順至嘉靖（1465～1566）和隆慶至崇禎（1567～1644）前中後三個階段。《正蒙》注解著作持續湧現，貫穿初、中、晚期三個階段；注者遍布全國各地，包括浙江、陝西、福建、江西、江蘇、安徽等省份，其中以浙江省注者占絕大多數，張載關學腹地關中也出現了三家注解且都有傳世。另外，注者本身所屬的學派也呈現多樣化，其中涉及有朱子學、明代氣學、明代關學甚至陽明學，如前文已提及的南中王門弟子朱得之便作過《正蒙通義》。《正蒙》明代注解著作的體例也是多元的，其中有單注、集注、「章解」體式、「混解」體式等。〔註2〕

可見，明代確實是《正蒙》注的繁盛期。

第二節　《正蒙》明代三家注的解讀模式

我們所選研究對象，在注解《正蒙》時表現出三種解讀模式，即《正蒙集

〔註2〕林樂昌在介紹《正蒙》歷代注的體式稱「有對《正蒙》正文一章文字逐句注解的『句解』體式，……有對《正蒙》正文逐章注解、注文隨正文各章文字之後的『章解』體式，……也有『句解』與『章解』兩種體式混用者，可稱之謂『混解』體式」。林樂昌：《正蒙合校集釋・例言》，中華書局，2012年版，第7頁。

釋》的朱子學解讀模式、《正蒙補注》的氣學解讀模式和《正蒙會稿》的關學解讀模式。三種解讀模式各具特點，在《正蒙》注解史上都具有重要意義。

一、《正蒙集釋》的朱子學解讀模式

自從明代初期朱子學確立了官學地位，明代理學基本未曾超越朱子學，即便是陽明心學也與朱子學聯繫密切。〔註3〕永樂十三年編成的《性理大全》，一直是明代科舉考試的權威著作之一，其中所收《正蒙》也在考試內容之列。天下士子皆讀《正蒙》，他們自然會受到附於《正蒙》之後的朱熹注影響。後來收錄有《正蒙集釋》的《新刊性理大全》的廣泛傳播，《正蒙》朱熹注後第一注即為《正蒙集釋》，其以朱子學解讀《正蒙》的模式影響了後來的注者。

《正蒙集釋》的作者宗奉程朱之學，其在「太虛即太極」的基礎上，闡釋了性既是虛之理又是心之理、理寓於氣之中而氣行於理之表等思想。〔註4〕《正蒙集釋》還承襲了朱熹對《正蒙》的各種批評，使得其在解讀《正蒙》時帶上了朱子學的色彩。我們此處所使用的朱子學是明代朱子學，並非指朱熹之學，它是指明初學者所繼承修正之後的朱熹思想，即明初朱子學。曹端、薛瑄等學者為了避免朱熹理氣二分，開始自覺放棄理之於氣的絕對性，強調經驗層面的理與氣不可分性。雖然，他們認同理對氣的主宰作用，但是這種主宰已經不具有形而上統攝形而下意義了，而是一種上下縱向關係消解後的橫向平面共存關係。《正蒙集釋》對太虛為理但又夾雜著氣而缺乏絕對形上性的指責，即是這種關係的表現。

《正蒙集釋》並不是完全承襲朱熹之說，其朱子學的解讀模式，集中表現在「太虛即太極」。太極兼具理氣、理之主宰和氣所出的太虛、太虛之氣等內容都非常具有獨創性，這些都得益於明初朱子學對朱熹思想的修正。不過，我們必須看到，《正蒙集釋》將「太虛」解讀為「太極」，彰顯了其試圖以朱熹理氣觀解讀張載《正蒙》的傾向，但是沒有做徹底。

朱子學解讀模式最大的特點是以理氣解虛氣，作為第一個《正蒙》明代注的《正蒙集釋》，通過將《正蒙》「太虛」太極化、理化，開啟了明代以朱子學

〔註3〕唐君毅：《中國哲學原論·原教篇》，中國社會科學出版社，2006年版，第187～223頁。

〔註4〕《正蒙集釋》解讀「性」時常常稱「性者心之理」、「性即心之理」、「性者，吾心之理也」，解讀《正蒙》中「不云『知有無之故』」時稱「理寓乎氣之中，氣行乎理之表，尚可以有無盡之哉。」嘉靖十七年本《新刊性理大全》。

解讀《正蒙》的先河。其後余本《正蒙集解》、劉儓《正蒙解》等注則徹底地以理氣解讀虛氣，延承了《正蒙集釋》的朱子學解讀模式。《正蒙》朱子學解讀模式對後世影響很大，有諸多注解著作皆從理氣入手解讀《正蒙》，但是並不是所有的注者都是朱子學者。〔註5〕

二、《正蒙補注》的氣學解讀模式

《正蒙補注》認為太虛非太極、理，而是陰陽未判的元氣，理依附於太虛元氣。《正蒙補注》本想以朱熹理氣論為準解構張載虛氣思想，但是其以太虛為氣之體、太和為氣之用的氣論為核心建構的詮釋體系，最終消解了朱熹理氣論對《正蒙》解讀的影響，造就了《正蒙補注》的氣學解讀模式。

宋代以來的《正蒙》注解著作，多是以朱熹理學為解釋宗旨的。大體遵循著歷史上出現的一股試圖將張載思想納於程朱理學的思想趨勢。〔註6〕宋代的《近思錄》、《傳道精語》和《性理群書》、〔註7〕元代的《朱子成書》、明代《性理大全》都節錄或全錄張載《正蒙》，明代之前，《正蒙》朱熹注之外還有五家注，宋代熊剛大《正蒙句解》、沈貴珤《正蒙解》、熊禾《正蒙句解》和元代鄭

〔註5〕陳來稱「《正蒙》在明清時代有不少學者為之作過注釋，一般來說，明清學者為《正蒙》作注者多是朱子學者。」（陳來：《詮釋與重建——王船山的哲學精神》，三聯書店，2010年版，第356）陳來也加注說明有如韓邦奇主張氣學的學者為之作過注。暫且不論韓邦奇是否為氣學學者，其《正蒙》明清注者「多是朱子學者」的論斷略顯籠統。僅就《正蒙》明代注，其中吳訥《正蒙補注》、劉璣《正蒙會稿》、韓邦奇《正蒙拾遺》、朱得之《正蒙通義》、高攀龍《正蒙集注》即不可徑直歸入朱子學，他們是氣學學者、關學學者或心學學者。

〔註6〕南宋魏了翁撰寫《申尚書省乞檢會元奏賜橫渠先生諡狀》，其中稱張載為周敦頤、程顥、程頤的「羽翼」。（魏了翁：《鶴山全集》卷二十三，四部叢刊景印宋本）清代陸隴其評價《性理大全》時稱「非程朱之學不載」，以此收入其中的張載《正蒙》也被歸入程朱之學了，「《《四書》、《五經》、《性理》大全》，雖纂輯之臣如胡、楊、金、蕭，無大儒在其間，故不無繁冗遺漏之病，而大義炳如，非程朱之學不載，足為學者準繩。蓋當時承宋元諸儒理學大明之後，黑白昭然，不必登堂入室之士然後能知聖人之道，永樂之政未有善於此時者也。自成、弘以上，學術一而風俗同，豈非其明效耶。」（陸隴其：《松陽抄存》卷上，清刻陸子全書本）

〔註7〕《傳道精語》，熊剛大稱為蔡模編撰，而晁公武《郡齋讀書志》、王圻《續文獻通考》、陳道《（弘治）八閩通志》、黃宗羲《宋元學案》、李清馥《閩中理學淵源考》等皆載朱熹晚年弟子李方子曾著有《傳道精語》，其中晁公武明確稱「《傳道精語》三十卷，後集二十六卷，右李方子編濂溪、康節、橫渠、明道、伊川、晦庵、南軒、東萊之說類而集之。」另，《欽定天祿琳琅書目》和《千頃堂書目》載劉應季著有《傳道精語》，只是前書判劉為元人，後書則判其為宋人。

元善《補正蒙解》、朱隱老《正蒙書說》，其中僅熊剛大《正蒙句解》存世，沈貴珚《正蒙解》有佚文（見附錄二），朱熹二傳弟子熊剛大《正蒙句解》和朱熹三傳弟子沈貴珚《正蒙解》都遵循朱熹理氣模式解讀張載《正蒙》。

　　以氣論為核心詮釋《正蒙》肇始於《正蒙補注》，明代中期王廷相等人的氣論思想以及王夫之《張子正蒙注》對《正蒙》的詮釋與《正蒙補注》都有異曲同工之妙。〔註8〕《正蒙補注》的氣論體系始於氣，而終於道。氣論體系有體用兩個層面的分疏，同時還可分為三個階段：第一階段是氣之體用與太虛、太和，第二階段是太虛之理與太和之理，第三階段是神化、性命與道之體用。其中，第一階段與第二階段是氣與理的關係，第二階段與第三階段是理與道的關係。第二階段的理是作為《正蒙補注》氣論體系的紐結，尤其是本體層面的太虛之理（太極）在很大程度上被賦予了道德價值義涵，發用層面的太和之理則是指規律、條理。《正蒙補注》的元氣是附帶著道德性，也就是本體層面第一個階段與第二個階段之間的聯繫，本體之氣是太虛，太虛之理是太極（天理），作為萬物生化淵源的本體之氣與道德價值性的理緊密聯繫在一起。由此，《正蒙補注》最終的指向是道德性的道之體與道之用，即雖然《正蒙》以氣論體系為核心但是不失其儒家道德價值特色。

　　《正蒙補注》對朱子學解讀模式的偏離，是偏離了理而走向了氣，故而《正蒙》明代注解著作鮮有引用它的，不過《正蒙補注》的太虛、太和分體用的思想為其後多家注者繼承。冉覲祖多批評《正蒙補注》，如其認為《正蒙補注》以氣論為主分生物、流行來解「太和篇」第一章是錯誤的，〔註9〕另外，王植在《正蒙初義》中對《正蒙補注》的作者、注文的優劣等作了頗多討論。

　　《正蒙補注》自覺地批評朱熹，在對《正蒙》的注解中擺脫了以往的朱子學傳統。不論《正蒙補注》是否注解出了《正蒙》原意，其提示我們應當適當地評價朱子學對《正蒙》注解史的意義和影響，而不是一概歸之於《正蒙集釋》所秉持的朱子學注解模式。

三、《正蒙會稿》的關學解讀模式

　　明代關學有完整的歷史，僅依據《關學編》看，只是以明代中期的馬理、

〔註8〕參照明代初期以氣學解讀《正蒙》的《正蒙補注》，我們應該重新審視、定位明末清初的王夫之《張子正蒙注》。

〔註9〕林樂昌：《正蒙合校集釋》上冊，中華書局，2012年版，第12、13頁。

韓邦奇、呂柟以及後期馮從吾、張舜典幾人代表明代關學，略顯不足。〔註10〕
明代關學中興始自明初，明代初期關學繁榮，出現了王恕、段堅、周蕙、姚顯、
李錦、薛敬之、劉璣、王承裕等人，他們當中多繼承講論張載之學，如「關中
學者咸以橫渠稱之」的李錦，〔註11〕再有劉璣於關中正學書院講論《正蒙》而
著《正蒙會稿》，都是明初關學繁盛狀況的表現。明初關學學者著作存世者較
少，《正蒙會稿》是其中之一。《正蒙會稿》的重要意義之一，便是前文已論及
其體現的關學解讀模式。

　　劉璣為「清虛一大」辯解。朱熹繼承二程批評張載「清虛一大」的做法，
稱太虛不可能兼該虛實，以其來形容道體實際上有偏於一邊之弊。然而，劉璣
《正蒙會稿》中則極力維護張載，稱「『大且一』者，謂神易不但大而且一爾。
一，即『天一而實』之『一』。蓋張子以『清虛一大』名天道，則此『一』實
以『純一不已』為言焉。」劉璣引用唐代呂岩、元代郝經之語解讀「清虛一大」，
呂岩稱「易不可窮，則純一不已，天人相為貞勝也」、〔註12〕郝經稱「天一而
實，其體虛」。〔註13〕天易不窮，純一是天。天為一，張載「清虛一大」指稱
天，其具有虛實雙重特性。由此，通過劉璣的解讀，程朱對張載「清虛一大」
的批評則被化解了。朱熹批評張載「太虛」、「太和」只是說氣，劉璣則不這麼
認為，其稱太和為氣，而太虛則不是僅僅說氣。劉璣以「天即太虛」思想體系
解讀《正蒙》，指出太虛之中不僅有氣，也有理，理氣皆在太虛中，如此則屏
去了朱熹對「太虛」的批評。

　　以朱子學解讀《正蒙》者多從理氣關係上著眼，將太虛界定為理，以朱熹
理氣觀解讀張載虛氣觀。劉璣則不然，其不講太虛為理，而是稱「天即太虛」、
「天即理」，太虛之中有理也有氣。其中，朱熹曾經將太虛與虛空並列並加以
批評，劉璣所言太虛之虛空並不是絕對的空無，而只是表示太虛的「無形可
見」。結合「氣在太虛之中」、「太虛之氣」的思想，可知劉璣所言的太虛實為
「氣之本體」。《正蒙集釋》承襲了朱熹對張載《正蒙》的批評，劉儓《正蒙解》
遵循朱熹理氣思想批評張載《正蒙》達六十多處，而《正蒙會稿》堅持以明代
關學解讀《正蒙》的立場，從未批評《正蒙》。《正蒙會稿》為關中《正蒙》第

〔註10〕前文基於胡纘宗《願學編》所論明初中期四代關學學者，張舜典和馮從吾可歸
　　　　為第五代。由此，五代學者共同彰顯明代關學的全貌。
〔註11〕馮從吾：《關學編》，中華書局，1987年版，第34頁。
〔註12〕呂岩：《呂子易說》卷下，清乾隆曾燠刻本。
〔註13〕郝經：《續後漢書》卷八十四上上錄第二上上，清文淵閣四庫全書本。

一注，韓邦奇繼承發展了《正蒙會稿》的關學解讀模式，劉璣不批評《正蒙》，韓邦奇更是表彰《正蒙》。

第三節 《正蒙》明代三種解讀模式的價值

《正蒙》明代三家注所體現的三種解讀模式，各有合理性。朱子學解讀模式攝虛歸理，凸顯張載之學所具有的理學、道學屬性。當然，這種解讀模式對張載之學也有遮蔽，朱子學解讀模式發展到極端，則會導致張載關學失去其本身具有的思想獨特性。張載之學受到程朱批評的部分被徹底轉化和消解，張載就被定位為周敦頤、二程甚至朱熹的羽翼了。氣學解讀模式以氣統理，彰顯張載之學中氣的思想。這種解讀模式也有偏頗，容易導致自然哲學意義上的氣本論。雖然據此可以將張載定位為中國歷史偉大的唯物論哲學家，然而張載哲學所具有的本色即道德價值特色卻被拋棄了。關學解讀模式以天解虛，揭示張載哲學的真面貌。明代關學注者不批評甚至表彰張載之學，一方面凸顯張載之學的儒家道統地位，另一方面闡釋張載之學的道德價值本色。但該解讀模式也有欠缺，因為明代關學理論複雜，它並不是對張載關學的純正承繼，故而導致對張載之學的解讀有時游移不定，時或帶有朱子學甚至心學的特點。

緒論中我們梳理了近代以來張載哲學研究的四個階段和三種模式，以《正蒙》明代三家注的解讀模式審視，近代以來張載哲學研究雖然沒有古代注解者的學派之別，但是依然具有三種學術立場：現代學術立場、意識形態立場和文化復興立場。三者皆有合理性。從現代學術立場出發，以西方學術劃分標準衡量張載之學，多將其界定為氣論；從意識形態立場出發，以意識形態的派性歸屬定性張載之學，多將其判定為唯物論，繼而發展出二元論；從文化復興立場出發，以文化的民族性為尺度詮釋張載之學，多將張載之學界定為「道德形上學」意義上的哲學，〔註14〕主張張載之學既非氣論又非唯物論，〔註15〕繼而發展為「虛氣相即」的本體宇宙論、「兩層結構」的宇宙論等觀點。

〔註14〕 參見邸利平《牟宗三對張載「太虛即氣」的詮釋》，《陝西師範大學學報》（哲學社會科學版），2009 年第 3 期，第 87～91 頁。

〔註15〕 唐君毅明確稱「不可徑說橫渠之論是唯物論」、「不得再以橫渠為唯物論，亦不得以之為唯氣論」、「則又不可徑謂其以『虛』、『氣』、『形象』等，說其太和之道即是唯物論也。」（唐君毅：《中國哲學原論‧原教篇》，中國社會科學出版社，2006 年版，第 55、57、58 頁）

　　《正蒙》注解史的研究，有利於對張載哲學的定性、定位。西方哲學有「返回古希臘」、「回到康德去」等回溯思潮，中國哲學則多強調在道統意義上接續聖賢、繼承絕學。在一定意義上，包括《正蒙》明代三家注在內的歷代《正蒙》注都是在「回到張載去」，都是在「將自己置於傳統的一個過程中，在這個過程中過去和現在不斷融合」。〔註 16〕

〔註 16〕Gadamer, *Truth and Method*, Continuum, New York, p.18.

參考文獻

一、古籍部分

（一）基本古籍

1. 張載。張載集〔M〕。北京：中華書局，1978。
2. 佚名。正蒙集釋。胡廣等。新刊性理大全書〔M〕。明嘉靖十七年本。
3. 吳訥。正蒙補注。胡廣等。新刊性理大全書〔M〕。明嘉靖十七年本。
4. 鍾人傑。性理會通〔M〕。明崇禎七年刻本。
5. 劉璣。正蒙會稿〔M〕。明正德十五年刻本。
6. 呂柟。張子抄釋〔M〕。清文淵閣四庫全書本。
7. 韓邦奇。正蒙拾遺〔M〕。清道光十六年本。
8. 余本。正蒙集解。胡廣等。新刊性理大全書〔M〕。明嘉靖十七年本。
9. 劉儓。正蒙解〔M〕。明嘉靖刻本。
10. 高攀龍、徐必達。正蒙釋〔M〕。明萬曆刻本。
11. 王夫之。張子正蒙注〔M〕。北京：中華書局，1975。
12. 王植。正蒙初義〔M〕。清文淵閣四庫全書本。
13. 楊方達。正蒙集說〔M〕。清乾隆復初堂刻本。

（二）相關古籍

1. 周振甫。周易譯注〔M〕。北京：中華書局，1991。
2. 王弼。王弼集校釋〔M〕。北京：中華書局，1980。
3. 蕭統。六臣注文選〔M〕。清文淵閣四庫全書本。
4. 胡瑗。周易口義〔M〕。清文淵閣四庫全書本。

5. 周敦頤。周敦頤集〔M〕。北京：中華書局，1990。

6. 邵雍。邵雍集〔M〕。北京：中華書局，2010。

7. 司馬光。文公易說〔M〕。清武英殿聚珍版叢書本。

8. 程顥、程頤。二程集〔M〕。北京：中華書局，1981。

9. 胡宏。胡宏集〔M〕。北京：中華書局，1987。

10. 陳振孫。直齋書錄解題〔M〕。清武英殿聚珍版叢書本。

11. 晁公武。郡齋讀書志校證〔M〕。上海：上海古籍出版社，1990。

12. 呂大臨等。陳俊民輯校。藍田呂氏遺著輯校〔M〕。北京：中華書局，1993。

13. 黎靖德。朱子語類〔M〕。北京：中華書局，1986。

14. 朱熹。四書章句集注〔M〕。北京：中華書局，1983。

15. 佚名。諸儒鳴道〔M〕。宋端平二年黃壯猷修補印本。

16. 佚名。新刊國朝二百家文粹〔M〕。宋慶元三年書隱齋刻本。

17. 佚名。群書通要〔M〕。清嘉慶宛委別藏本。

18. 呂岩。呂子易說〔M〕。清乾隆曾燠刻本。

19. 李心傳。道命錄〔M〕。清知不足齋叢書本。

20. 魏了翁。鶴山全集〔M〕。四部叢刊景印宋本。

21. 呂本中。童蒙訓〔M〕。清文淵閣四庫全書本。

22. 衛湜。禮記集說〔M〕。清通志堂經解本。

23. 熊剛大。性理群書句解〔M〕。清文淵閣四庫全書本。

24. 郝經。續後漢書〔M〕。清文淵閣四庫全書本。

25. 陳埴。木鐘集〔M〕。清文淵閣四庫全書本。

26. 陳櫟。定宇集〔M〕。清文淵閣四庫全書本。

27. 吳澄。吳文正集〔M〕。清文淵閣四庫全書本。

28. 王恕。王端毅公文集〔M〕。明嘉靖三十一年喬世寧刻本。

29. 脫脫等。宋史〔M〕。北京：中華書局，1977。

30. 馬端臨。文獻通考〔M〕。北京：中華書局，2009。

31. 曹端。曹端集〔M〕。北京：中華書局，2003。

32. 林之奇。拙齋文集〔M〕。清文淵閣四庫全書本。

33. 楊士奇。東里集〔M〕。清文淵閣四庫全書本。

34. 韓邦奇。苑洛集〔M〕。清文淵閣四庫全書本。

35. 韓邦奇。性理三解〔M〕。清嘉慶七年本。

36. 韓邦奇。啟蒙意見〔M〕。清文淵閣四庫全書本。

37. 馬理。周易贊義〔M〕。明嘉靖三十五年鄭絧刻本。

38. 呂柟。涇野先生文集〔M〕。明萬曆刻本。

39. 胡纘宗。願學編〔M〕。明嘉靖刻清修本。

40. 張邦奇。靡悔軒集〔M〕。明刻本。

41. 雷禮。國朝列卿紀〔M〕。明萬曆徐鑒刻本。

42. 王雲鳳。博趣齋稿〔M〕。明刻本。

43. 馮從吾。關學編〔M〕。北京：中華書局，1987。

44. 高攀龍。高子遺書〔M〕。清文淵閣四庫全書本。

45. 宋濂。文憲集〔M〕。清文淵閣四庫全書本。

46. 董真卿。周易會通〔M〕。清文淵閣四庫全書本。

47. 岳珂。寶真齋法書贊〔M〕。清文淵閣四庫全書本。

48. 邵寶。皇極經世書說〔M〕。明刻遞修本。

49. 徐開任。明名臣言行錄〔M〕。清康熙刻本。

50. 貝瓊。清江文集〔M〕。清文淵閣四庫全書本。

51. 王世懋。王奉常集〔M〕。明萬曆刻本。

52. 徐師曾。湖上集〔M〕。明萬曆刻本。

53. 毛憲。毗陵人品記〔M〕。明萬曆刻本。

54. 孫揚。孫石臺先生遺集〔M〕。清乾隆四十四年刻本。

55. 張夏。洛閩源流錄〔M〕。清康熙二十一年黃昌衢彝敘堂刻本。

56. 戴殿江。金華理學粹編〔M〕。清光緒刻本。

57. 祁承爜。澹生堂藏書目〔M〕。清宋氏漫堂抄本。

58. 錢穀。吳都文粹續集〔M〕。清文淵閣四庫全書本。

59. 程敏政。明文衡〔M〕。四部叢刊景印本。

60. 過庭訓。本朝分省人物考〔M〕。明天啟刻本。

61. 胡文學。甬上耆舊詩〔M〕。清文淵閣四庫全書本。

62. 陳鼎。東林列傳〔M〕。清文淵閣四庫全書本。

63. 王直。抑庵文集〔M〕。清文淵閣四庫全書本。

64. 黃宗羲。宋元學案〔M〕。北京：中華書局，1986。

65. 黃宗羲。明儒學案〔M〕。北京：中華書局，1985。

66. 黃宗羲。明文海〔M〕。清涵芬樓抄本。

67. 沈佳。明儒言行錄〔M〕。清文淵閣四庫全書本。

68. 蔡衍鎤。操齋集〔M〕。清康熙刻本。

69. 邵寶。容春堂集〔M〕。清文淵閣四庫全書本。

70. 陸隴其。松陽抄存〔M〕。清刻陸子全書本。

71. 應廷育。金華先民傳〔M〕。明抄本。

72. 徐象梅。兩浙名賢錄〔M〕。明天啟刻本。

73. 凌迪知。萬姓統譜〔M〕。清文淵閣四庫全書本。

74. 王植。皇極經世書解〔M〕。清文淵閣四庫全書本。

75. 黃虞稷。千頃堂書目〔M〕。清文淵閣四庫全書本。

76. 朱彝尊。經義考〔M〕。清文淵閣四庫全書本。

77. 李清馥。閩中理學淵源考〔M〕。清文淵閣四庫全書本。

78. 張驥。關學宗傳〔M〕。西安：陝西教育圖書社，1921。

79. 永瑢等。四庫全書總目〔M〕。北京：中華書局，1965。

80. 翁連溪編校。中國古籍善本總目〔M〕。北京：線裝書局，2005。

81. 武澄。張子年譜〔M〕。於浩。宋明理學家年譜。北京：北京圖書館出版社，2005。

82. 趙廷瑞。陝西通志〔M〕。西安：三秦出版社，2006。

83. 明代官修。明實錄〔M〕。臺北：中央研究院歷史語言研究所校印，1962。

84. 萬斯同。明史〔M〕。清抄本。

85. 王鏊。(正德) 姑蘇志〔M〕。清文淵閣四庫全書本。

86. 彭澤。(弘治) 徽州府志〔M〕。明弘治刻本。

87. 郭實。(萬曆) 續朝邑縣志〔M〕。清康熙五十一年刻本。

88. 陽思謙。(萬曆) 泉州府志〔M〕。明萬曆刻本。

89. 劉廣生。(萬曆) 常州府志〔M〕。明萬曆四十六年刻本。

90. 張士鎬。(嘉靖) 廣信府志〔M〕。明嘉靖刻本。

91. 黎晨。(嘉靖) 寧國府志〔M〕。明嘉靖刻本。

92. 劉魯生。(嘉靖) 曲沃縣志〔M〕。明嘉靖刻本。

93. 管景。(嘉靖) 永豐縣志〔M〕。明嘉靖刻本。

94. 馮汝弼。(嘉靖) 常熟縣志〔M〕。明嘉靖刻本。

95. 朱朝藩。(崇禎) 開化縣志〔M〕。明崇禎刻本。

96. 何喬遠。(崇禎) 閩書〔M〕。明崇禎刻本。

97. 高士䴕。（康熙）常熟縣志〔M〕。清康熙二十六年刻本。

98. 王照鼇。朝邑縣後志〔M〕。清康熙五十一年刻後刊本。

99. 丁應松。高陵縣志〔M〕。清雍正十年刻本。

100. 陶成。江西通志〔M〕。清雍正十年本。

101. 曹秉仁。（雍正）寧波府志〔M〕。清雍正十一年刻乾隆六年補刻本。

102. 嚴長明。西安府志〔M〕。清乾隆四十四年刻本。

103. 趙宏恩。（乾隆）江南通志〔M〕。清文淵閣四庫全書本。

104. 錢維喬。（乾隆）鄞縣志〔M〕。清乾隆五十三年刻本。

105. 懷蔭布。（乾隆）泉州府志〔M〕。清光緒八年補刻本。

106. 張宗泰。（嘉慶）補修天長縣志稿〔M〕。清嘉慶十年修民國二十三年增補
    鉛印本。

107. 胡壽濤。（光緒）遂昌縣志〔M〕。清光緒二十二年刊本。

108. 葉滋森。（光緒）靖江縣志〔M〕。清光緒五年刻本。

二、專著部分

（一）張載研究專著

1. 張岱年。張載——十一世紀中國唯物主義哲學家〔M〕。武漢：湖北人民
   出版社，1956。

2. 姜國柱。張載的哲學思想〔M〕。瀋陽：遼寧人民出版社，1982。

3. 陳俊民。張載哲學思想及關學學派〔M〕。北京：人民出版社，1986。

4. 龔傑。張載評傳〔M〕。南京：南京大學出版社，1996。

5. 丁為祥。虛氣相即——張載哲學體系及其定位〔M〕。北京：人民出版社，
   2000。

6. 楊立華。氣本與神化：張載哲學述論〔M〕。北京：北京大學出版社，2008。

7. 方光華等。關學及其著述〔M〕。西安：西安出版社，2010。

8. 葛艾儒。張載的思想〔M〕。上海：上海古籍出版社，2010。

9. 李蕉。張載政治思想述論〔M〕。北京：中華書局，2011。

10. 林樂昌。正蒙合校集釋〔M〕。北京：中華書局，2012。

（二）相關研究專著

1. 馮友蘭。中國哲學史〔M〕。上海：商務印書館，1934。

2. 馮友蘭。新理學〔M〕。上海：商務印書館，1938。

3. 日丹諾夫。在關於亞歷山大洛夫著「西歐哲學史」一書討論會上的發言〔M〕。北京：人民出版社，1954。

4. 侯外廬等。中國思想通史〔M〕。北京：人民出版社，1959。

5. 馮友蘭。中國哲學史〔M〕。北京：中華書局，1961。

6. 鍾泰。中國哲學史〔M〕。臺北：臺灣商務印書館，1967。

7. 謝無量。中國哲學史〔M〕。臺北：臺灣中華書局，1976。

8. 韋政通。中國思想史〔M〕。臺北：水牛出版社，1980。

9. 張岱年。中國哲學大綱〔M〕。北京：中國社會科學出版社，1982。

10. 劉述先。朱子哲學思想的發展與完成〔M〕。臺北：學生書局，1984。

11. 侯外廬等。宋明理學史〔M〕。北京：人民出版社，1984。

12. 錢穆。朱子新學案〔M〕。成都：巴蜀書社，1986。

13. 劉學智。中國哲學的歷程〔M〕。西安：陝西人民出版社，1993。

14. 張岱年。張岱年全集〔M〕。石家莊：河北人民出版社，1996。

15. 陝西省地方志編纂委員會。陝西省志／出版志〔M〕。西安：三秦出版社，1998。

16. 馮友蘭。中國哲學史新編〔M〕。北京：人民出版社，1999。

17. 陳來。朱子哲學研究〔M〕。上海：華東師範大學出版社，2000。

18. 張學智。明代哲學史〔M〕。北京：北京大學出版社，2000。

19. 熊十力。熊十力全集〔M〕。武漢：湖北教育出版社，2001。

20. 束景南。朱熹年譜長編〔M〕。上海：華東師範大學出版社，2001。

21. 王鴻鵬等。中國歷代榜眼〔M〕。北京：解放軍出版社，2003。

22. 牟宗三。牟宗三全集〔M〕。臺北：聯經出版事業公司，2003。

23. 胡元玲。張載易學與道學：以《橫渠易說》及《正蒙》為主旨探討〔M〕。臺北：臺灣學生書局，2004。

24. 何俊。南宋儒學建構〔M〕。上海：上海人民出版社，2004。

25. 余英時。朱熹的歷史世界：宋代士大夫政治文化的研究〔M〕。北京：三聯書店，2004。

26. 朱鴻林。中國近世儒學實質的思辨與習學〔M〕。北京：北京大學出版社，2005。

27. 勞思光。新編中國哲學史〔M〕。桂林：廣西師範出版社，2005。

28. 徐復觀。中國人性論史〔M〕。上海：華東師範大學出版社，2005。

29. 曾春海。中國哲學概論〔M〕。臺北：五南圖書出版股份有限公司，2005。

30. 李祥俊。道通於一——北宋哲學思潮研究〔M〕。北京：北京師範大學出版社，2006。

31. 唐君毅。中國哲學原論／原教篇〔M〕。北京：中國社會科學出版社，2006。

32. 周熾成。復性收攝——高攀龍思想研究〔M〕。北京：人民出版社，2007。

33. 程水龍。《近思錄》版本與傳播研究〔M〕。上海：上海古籍出版社，2008。

34. 金岳霖。論道〔M〕。北京：中國人民大學出版社，2010。

35. 陳來。詮釋與重建：王船山的哲學精神〔M〕。北京：三聯書店，2010。

36. 程水龍。理學在浙江的傳播——以《近思錄》為中心的歷史考察〔M〕。上海：上海古籍出版社，2010。

37. 章曉丹。韓邦奇哲學思想研究〔M〕。西安：陝西人民出版社，2011。

38. 唐宇元。元代與明代前期理學思想研究〔M〕。北京：中國新聞聯合出版社，2011。

39. 郭素紅。明代經學研究〔M〕。西安：陝西人民出版社，2011。

三、論文部分

（一）期刊論文

1. 丁志偉。張載理學觀析疑〔J〕。中國社會科學，1980，4。

2. 劉錫辰。張載的教育思想〔J〕。河南大學學報，1986，6。

3. 葛榮晉。韓邦奇哲學思想初探〔J〕。孔子研究，1988，1。

4. 趙吉惠。張載關學與實學國際學術研討會論點綜述〔J〕。西安聯合大學學報，2000，1。

5. 湯勤福。太虛非氣：張載「太虛」與「氣」之關係新說〔J〕。南開學報，2000，3。

6. 林樂昌。張載對儒家人性論的重構〔J〕。哲學研究，2000，5。

7. 王開府。張橫渠氣論之詮釋——爭議與解決〔J〕。中國哲學論集（日本九州島大學中國哲學研究會印行）26 號，2000。http://web.cc.ntnu.edu.tw/~t21015/Chang-HC(9409).doc

8. 丁為祥。張載虛氣觀解讀〔J〕。中國哲學史，2001，2。

9. 丁為祥。張載人性論溯源〔J〕。鵝湖月刊，2001，11。

10. 林樂昌。張載佚書《孟子說》輯考〔J〕。中國哲學史，2003，4。

11. 林樂昌。20 世紀張載哲學研究的主要趨向反思〔J〕。哲學研究，2004，12。

12. 林樂昌。張載成性論及其哲理基礎研究〔J〕。中國哲學史，2005，1。

13. 劉學智。關學及二十世紀大陸關學研究的辨析與前瞻〔J〕。中國哲學史，2005，4。

14. 林樂昌。張載理觀探微——兼論朱熹理氣觀與張載虛氣觀的關係問題〔J〕。哲學研究，2005，8。

15. 丁為祥。從宋明人性論的演變看理學的總體走向及其張力〔J〕。陝西師範大學學報，2006，5。

16. 丁為祥。張載「太虛」三解〔J〕。孔子研究，2006，6。

17. 林樂昌。張載兩層結構的宇宙論哲學探微〔J〕。中國哲學史，2008，4。

18. 邸利平。牟宗三對張載「太虛即氣」的詮釋〔J〕。陝西師範大學學報，2009，3。

19. 馬新焱。「以易為宗」——張載太極本體論探析〔J〕。長春理工大學學報，2009，3。

20. 張金蘭。朱熹與張載《正蒙》〔J〕。中國哲學史，2010，1。

21. 辛亞民。太虛如何承載價值——張載「太虛」概念新探〔J〕。中國哲學史，2010，3。

22. 肖發榮。朱熹《正蒙》研究中的兩個問題〔J〕。唐都學刊，2010，4。

23. 林樂昌。通行本《正蒙》校勘辨誤〔J〕。中國哲學史，2010，4。

24. 章曉丹、白俐。「形而上之謂道，氣而上之謂性」——韓邦奇哲學思想新探〔J〕。西北大學學報，2010，5。

25. 林樂昌。論李二曲對宋明理學的總結〔J〕。中共寧波市委黨校學報，2012，1。

26. 李存山。氣論對於中國哲學的重要意義〔J〕。哲學研究，2012，3。

27. 林樂昌。試論「關學」概念結構的三重維度〔J〕。唐都學刊，2013，1。

28. 邱忠堂。論張載「太虛」的四重本體義及詮釋意義〔J〕。雲南大學學報，2013，3。

（二）學位論文

1. 肖發榮。論朱熹對張載思想的繼承和發展——以朱熹對《正蒙》的詮釋為中心〔D〕。西安：陝西師範大學，2007。

2. 孔慧紅。呂柟仁學研究〔D〕。西安：陝西師範大學，2009。

3. 馬智。呂柟理學思想研究〔D〕。西安：陝西師範大學，2010。

4. 張金蘭。關洛學派關係研究〔D〕。西安：陝西師範大學，2010。

5. 米文科。王船山《張子正蒙注》哲學思想研究〔D〕。西安：陝西師範大學，2011。

6. 游騰達。朱熹對北宋四子的理解與詮釋〔D〕。臺北：國立中央大學，2006。

7. 陳衛斌。「天人相繼」——王夫之《張子正蒙注》研究〔D〕。西安：陝西師範大學，2008。

（三）會議論文集

1. 中華書局編輯部編。文史（第三輯）〔C〕。北京：中華書局，1963。

2. 湖南省哲學社會科學學會聯合會、湖北省哲學社會科學學會聯合會合編。王船山學術討論集〔C〕。北京：中華書局，1965。

3. 陝西省哲學學會編。氣化之道——張載哲學新論〔C〕。西安：陝西人民教育出版社，1992。

4. 葛榮晉、趙馥潔主編。張載關學與實學〔C〕。西安：西安地圖出版社，2000。

5. 趙吉惠、劉學智主編。張載關學與南冥學研究〔C〕。北京：社會科學文獻出版社，2004。

6. 高康玉主編。關學、南冥學與東亞文明〔C〕。北京：社會科學文獻出版社，2007。

附錄一 《正蒙》宋、元、明、清注簡表

一、《正蒙》宋代注簡表

書　名	注　者	存　佚	版　本	目數
《正蒙解說匯錄》	朱熹	輯錄	《性理大全》永樂十三年本	
《正蒙句解》	熊剛大	存	《新編音點性理群書集解前集》元刊本	四
《正蒙解》	沈貴珤	佚（輯八章）		
《正蒙句解》	熊禾	佚		

二、《正蒙》元代注簡表

書　名	注　者	存　佚	版　本	目數
《補正蒙解》	鄭元善	佚		二
《正蒙書說》	朱隱老	佚		

三、《正蒙》明代注簡表

書　名	注　者	存　佚	版　本	總數
《正蒙述解》	朱諡	佚		
《正蒙集釋》	佚名	輯存	《新刊性理大全》嘉靖十七年	
《正蒙發微》	章品	佚		二十六
《正蒙補注》	吳訥	輯存	《新刊性理大全》嘉靖十七年	
《正蒙會稿》	劉璣	存	明正德十五年刻本	

《正蒙解》	王啟	佚	
《正蒙發微》	倪復	佚	
《正蒙解結》	韓邦奇	佚	
《正蒙集解》	余本	輯存	《新刊性理大全》嘉靖十七年
《正蒙抄釋》	呂柟	存	明嘉靖五年《張子抄釋》本
《正蒙拾遺》	韓邦奇	存	清道光十六年本
《正蒙集注》	孫揚	佚	
《正蒙解》	畢濟川	佚	
《正蒙解》	貢珊	佚	
《正蒙解》	史於光	佚	
《正蒙解》	呂賢	佚	
《正蒙分訓注解》	許珍	佚	
《正蒙通旨》	江樊	佚	
《正蒙存疑》	陳中州	佚	
《正蒙注釋》	郭文煥	佚	
《正蒙通義》	朱得之	佚	
《正蒙章句》	徐師曾	佚	
《正蒙解》	劉僎	存	明嘉靖刻本
《正蒙集注》	高攀龍	存	明萬曆刻本
《正蒙發明》	徐必達	存	明萬曆刻本
《正蒙集解》	包萬有	佚	

四、《正蒙》明代亡佚注簡表

書　名	注　者	存　佚	總數
《正蒙述解》	朱諡	佚	
《正蒙發微》	章品	佚（輯二十一章）	
《正蒙直解》	王啟	佚	
《正蒙發微》	倪復	佚	十七
《正蒙解結》	韓邦奇	佚	
《正蒙集注》	孫揚	佚	
《正蒙解》	畢濟川	佚	
《正蒙解》	貢珊	佚	

《正蒙解》	史於光	佚
《正蒙解》	呂賢	佚
《正蒙分訓注解》	許珍	佚
《正蒙通旨》	江樊	佚
《正蒙存疑》	陳中州	佚
《正蒙注釋》	郭文煥	佚
《正蒙通義》	朱得之	佚
《正蒙章句》	徐師曾	佚
《正蒙集解》	包萬有	佚

五、《正蒙》明代存世注簡表

書名	注者	存佚	版本	總數
《正蒙集釋》	佚名	輯存	《新刊性理群書》嘉靖十七年	
《正蒙補注》	吳訥	輯存	《新刊性理大全》嘉靖十七年	
《正蒙會稿》	劉璣	存	明正德十五年刻本	
《正蒙集解》	余本	輯存	《新刊性理大全》嘉靖十七年	
《正蒙抄釋》	呂柟	存	明嘉靖五年《張子抄釋》本	九
《正蒙拾遺》	韓邦奇	存	清道光十六年本	
《正蒙解》	劉儓	存	明嘉靖刻本	
《正蒙集注》	高攀龍	存	明萬曆刻本	
《正蒙發明》	徐必達	存	明萬曆刻本	

六、《正蒙》清代注簡表

書名	注者	存佚	版本	總數
《張子正蒙注》	王夫之	存	清同治四年刻《船山遺書》本	
《正蒙補訓》	冉覲祖	存	清文淵閣四庫全書本	
《注解正蒙》	李光地	存	清康熙四十一年刻本	
《正蒙集說》	楊方達	存	清乾隆復初堂刻本	十四
《正蒙分目解按》	方潛	存	清光緒十五年方敦吉《毋不敬齋全書》本。	
《正蒙注》	張伯行	存	清道光十六年本	
《正蒙釋要》	李元春	輯錄	清道光十二年刻本	

《正蒙集解》	李文炤	存	
《正蒙注》	張棠、周芳	存	清康熙四十六年本
《正蒙句解》	朱久括	佚	
《正蒙解》	胡宗緒	佚	
《正蒙初義》	王植	存	清雍正元年刻本
《正蒙管見》	劉繩武	佚	
《正蒙略》	孫奇逢	佚	

附錄二　沈貴珤《正蒙解》輯錄八章

　　吳訥《正蒙補注》中引用宋代沈貴珤（其生平簡介，詳見正文第二章）《正蒙解》八章。我們依據嘉靖十七年本《新刊性理大全》，將其輯出加以點逗，每條注文前數字表明順序，《正蒙》原文字體標黑且於括號中注明篇次。

　　1. **由太虛，有天之名；由氣化，有道之名；合虛與氣，有性之名；合性與知覺，有心之名。**（《正蒙‧太和篇》第十二章）

　　沈毅齋曰：「天下固未有無理之氣，亦未有無氣之理。有陰陽則有水火金木者，氣也；有健順則有仁義禮智者，理也。氣非理則無所承，理非氣則無所附。是故未有陰陽已有太極，未有此氣已有此理。推所從來，固不無先後之道，然言太極則已不離乎陰陽，言性則已不離氣質。有則俱有，又豈別為一物而有先後之可言哉！」

　　2. **一物兩體，氣也；一故神兩在故不測，兩故化推行於一。此天之所以參也。**（《正蒙‧天參篇》第二章）

　　沈毅齋曰：「神者理之妙者也，貫動靜而無不在，超形氣而不可知。其在陽也，全體在陽而非動之所能管；其在陰也，全體在陰而非靜之所能拘，所謂合一不測也。化者是氣之消縮者也，其去也，無跡而難留；其應也，有漸而非遽。自子至亥而化成一日；自初一至三十而化成一月，自一月至三月而一時成焉，自春至冬而一歲成焉，所謂推行有漸也。」

　　3. **地，物也；天，神也。物無踰神之理，顧有地斯有天，若其配然爾。**（《正蒙‧天參篇》第六章）

　　沈毅齋先生曰：「天形周匝而包乎地之外，地形空闊而附乎天之中，是以

形而言之也。乾無一而有坤以承之，坤無一而有乾以始之。是以數而言之也。是皆陽全陰半也。」

4. 陽之德主於遂，陰之德主於閉。(《正蒙‧天參篇》第十五章)

沈毅齋曰：「自動靜而言之，則主乎陰。所謂乾不專靜，則不直遂；坤不翕合，則不發散是也。自小大而言之，則陽嘗兼陰，陰不兼陽，又豈可以並言哉！論其分，則陽一而陰二，陽尊而陰卑也，在人則君臣父子之分也。論其氣，則陽始而陰成，陽唱而陰和也，在人則子弟臣妾之類也。」

5.「變則化」，由粗入精也。「化而裁之謂之變」，以著顯微也。谷神不死，故能微顯而不揜。(《正蒙‧神化篇》第六章)

沈毅齋曰：「自陰而陽謂之變，退極而進也；自陽而陰謂之化，進極而退也。變則自微而至著，故浸長而有形，是變固化之成矣；化則自盛而至衰，故消縮而無跡，是化又為變之成焉。以一日言之，晝陽而夜陰，而一日有一日之變化。以一月言之，朔陽而望陰，而一月一有一月之變化。陰陽無時而不存，則變化無時而不有矣。」

6. 有息者根於天，不息者根於地。根於天者不滯於用，根於地者滯於方，此動植之分也。(《正蒙‧動物篇》第四章)

沈毅齋曰：「動物本乎天，清而有知，天產之陽物也。然胎生者九竅，卵生者八竅，則動物之中已自有對矣，而乾男坤女未嘗無陰陽焉。植物本乎地，濁而無知，地產之陰物也。然陰木疏埋而柔，陽木縝埋而密，則植物之中已自有對矣。然乾男坤女又未嘗無陰陽焉，是無物而無兩也。至動植之物，其稟氣殊而類陽也，而氣稟之中自有消長屈伸，陽中之陰陽也。其賦形異狀陰也，而形質之中自有上下內外，陰中之陰陽也，是豈所謂一者乎？」

7. 凡可狀，皆有也；凡有，皆象也；凡象，皆氣也。氣之性本虛而神，則神與性乃氣所固有，此鬼神所以體物而不可遺也。(《正蒙‧乾稱篇》第二章)

沈毅齋曰：「天地附於氣，則由地以上皆天氣也，蒼蒼者極遠之色然爾。人拯育於天地之中，其呼吸假天氣以為消息，猶魚之在水而不知也。吾之氣即天之氣爾，寧有不相為流通者乎！」

8. 戲言出於思也，戲動作於謀也。發乎聲，見乎四支，謂非己心，不明也；欲人無己疑，不能也。過言非心也，過動非誠也。失於聲，繆迷其四體，謂己當然，自誣也；欲他人己從，誣人也。或者以出於心者歸咎為己戲，失於思者自誣為己誠，不知戒其出汝者，歸咎其不出汝者，長傲且遂非，不知孰甚

焉！（《正蒙・乾稱篇》第十七章）

　　沈毅齋先生詳述朱子與江西學者說此篇大旨，不越乎過、故二字。先生且曰：「有心謔浪之謂戲，無心差失之謂過。本有心而掩之以無心，則以故為戲，而至於長傲。本無心而誣之以有心，則以過為誠，而至於遂非。是愚之甚者也。誠不可有，朱子推其原而謂之故，欲人深成其言動未發之先，以為正心誠意之本。過不能無，朱子指其流而謂之過，欲人自咎於言動已失之後，以為遷善改過之機。其誨人之意深矣。學者於是二端，深戒而自咎焉，則於處己待人亦庶幾矣。」

附錄三　章品《正蒙發微》輯錄二十一章

　　吳訥《正蒙補注》中引用明代章品（又名童品，其生平簡介詳見正文第二章）《正蒙發微》二十一章。我們依據嘉靖十七年本《新刊性理大全》，將其輯出加以點逗，每條注文前數字表明順序，《正蒙》原文字體標黑且於括號中注明篇次。

　　1. **物之所以相感者，利用出入，莫知其鄉，一萬物之妙者與！**（《正蒙·太和篇》第二十一章）

　　《發微》曰：「《易·大傳》曰：『利用出入，民或用之，謂之神』。《孟子》曰：『出入無時，莫知其鄉，惟心之謂歟。』物之妙，神之謂也。」

　　2. **氣與志，天與人，有交勝之理。聖人在上而下民諮，氣一之動志也；鳳凰儀，志一之動氣也。**（《正蒙·太和篇》第二十二章）

　　《發微》曰：「《孟子》曰：『志一則動氣也，氣一則動志也。』《書》曰：『洪水滔天，下民其諮。』言堯舜在位，而下民猶有洪水之諮嗟，此天之勝人，乃氣一之動志也。《書》又曰：『簫韶九成，鳳凰來儀。』此人之勝天，乃志一之動氣也。」

　　3. **虧盈法：月於人為近，日遠在外，故月受日光常在於外，人視其終初如鉤之曲，及其中天也如半璧然。此虧盈之驗也。**（《正蒙·天參篇》第九章）

　　童氏《發微》曰：「此承上文言月虧盈之理。日月同麗於天，於人似無遠近。謂日近月遠，愚所未喻。終謂晦朔以前，初謂晦朔以後。終如鉤，晨見東方；初如鉤，昏見西方。上弦則昏見中央，下弦則晨見中央，至望則日月相對

而光滿，晦朔則日月同會而月光滅矣。」

4. 上天之載，有感必通；聖人之為，得為而為之也。（《正蒙·天道篇》第三章）

童氏《發微》曰：「『有感必通』，上天之神；『得為而為』，聖人之神。」

5. 大則不驕，化則不吝。（《正蒙·神化篇》第十二章）

童氏《發微》曰：「此明《孟子》『大化』之義，而用《論語》驕、吝二字以發之。」

6. 神不可致思，存焉可也；化不可助長，順焉可也。存虛明，久至德，順變化，達時中，仁之至，義之盡也。知微知彰，不捨而繼其善，然後可以成人性矣。（《正蒙·太和篇》第十六章）

《發微》曰：「此又明『神化』之義。陰陽不測，故『不可致思』；推行有漸，故『不可助長』。愚謂：『存虛明，久至德』，所以存神，『仁之至』也；『顯變化，達時中』，所以順化，『義之盡』也。『微』謂神之妙，『彰』謂化之著。」

7. 人之有息，蓋剛柔相摩、乾坤闔闢之象也。（《正蒙·動物篇》第十章）

《發微》曰：「息，謂陽呼陰吸。《易大傳》曰：『剛柔相摩。』又曰：『闔戶謂之坤，闢戶謂之乾。』呼乃剛摩柔，乾闢也，吸乃柔摩剛，坤闔也。」

8. 知性知天，則陰陽、鬼神皆吾分內爾。（《正蒙·誠明篇》第十二章）

《發微》曰：「孟子曰『知其性，則知天也』，陰陽鬼神雖曰天地之二氣功用，其理即吾所性之得於天者，非外物也。」

9. 人之剛柔、緩急、有才與不才，氣之偏也。天本參和不偏，養其氣，反之本而不偏，則盡性而天矣。性未成則善惡混，故亹亹而繼善者斯為善矣。惡盡去則善因以亡，故捨曰善而曰「成之者性」。（《正蒙·誠明篇》第二十三章）

《發微》曰：「此言氣質之性，有剛柔、緩急、才否之偏，人能養其氣反之本，則性盡而與天本參和不偏者一矣。《易大傳》曰：『繼之者善。』」

10. 利者為神，滯者為物。是故風雷有象，不速於心，心御見聞，不弘於性。（《正蒙·誠明篇》第二十五章）

《發微》曰：「利者，無礙滯者，有象，風雷有象，故不能感而遂通，如人心之速，人心若止於見聞之狹，故不能盡性弘道。」

11. 纖惡必除，善斯成性矣；察惡未盡，雖善必粗矣。（《正蒙·誠明篇》第二十七章）

《發微》曰：「惡不盡除，則善無由成性；惡不盡察，則善無由精粹。」

12.「莫非命也，順受其正」，順性命之理，則得性命之正，滅理窮欲，人偽之招也。（《正蒙・太和篇》第三十六章）

《發微》曰：「滅理窮欲，則非順受其正也，故張子合而言之。」

13. 大中至正之極，文必能致其用，約必能感而通。未至於此，其視聖人恍惚前後，不為像，此顏子之歎乎！（《正蒙・中正篇》第三章）

《發微》曰：「此明《論語》顏淵喟然歎章，言聖人所立卓爾之道乃大中至正之極，博文必能致其用，約禮必能感而通，未至於中則瞻之在前，忽焉在後，恍惚不可為象。」

14. 妄去然後得所止。得所止，然後得所養而進於大矣。無所感而起，妄也；感而通，誠也；計度而知，昏也；不思而得，素也。（《正蒙・中正篇》第二十一章）

《發微》曰：「《易》序卦傳云『有无妄，然後可畜，故受之以《大畜》。物畜然後可養，故受之以《頤》。《頤》者，養也。不養則不可動，故受之以《大過》。』『妄去』，謂无妄。止，畜也。養，順也。大，謂大過也。」

15. 博文以集義，集義以正經，正經然後一以貫天下之道。（《正蒙・中正篇》第二十五章）

《發微》曰：「集義所以求其萬殊，正經所以求其一本。」

16. 以心求道，正猶以己知人，終不若彼自立彼，為不思而得也。（《正蒙・中正篇》第四十三章）

《發微》曰：「《中庸》曰『不思而得，從容中道，聖人也』，心外物道，『以心求道』，求之外矣，彼謂聖人，聖人從容中道，為不思而得矣。」

17. 儒者窮理，故率性可以謂之道。浮圖不知窮理而自謂之性，故其說不可推而行。（《正蒙・太和篇》第四十五章）

《發微》曰：「《中庸》曰『率性之謂道』，佛氏曰『作用是性』」。

18.《易》一物而三才：陰陽氣也，而謂之天；剛柔質也，而謂之地；仁義德也，而謂之人。（《正蒙・大易篇》第三章）

《發微》曰：「一物，一卦也。《說卦傳》曰：『立天之道曰陰與陽，立地之道曰柔與剛，立人之道曰仁與義。』兼三才而兩之，故六。」

19. 陰陽、剛柔、仁義之本立，而後知趨時應變，故「乾坤毀則無以見易」。（《正蒙・大易篇》第六章）

《發微》曰：「《易大傳》曰：『剛柔者，立本者也。變通者，趨時者也。』」

又曰：『乾坤毀則無以見易』，此以『乾坤』解『剛柔』，以『易』解『變通』。」

20. 仁統天下之善，禮嘉天下之會，義公天下之利，信一天下之動。（《正蒙·大易篇》第十九章）

《發微》曰：「仁義禮智皆善也，而仁為之長，故曰『仁統天下之善』。禮則動容周旋無不中禮，故曰『禮嘉天下之會』。義以制事，使天下之物各得其利，不徇乎私，故曰『義公天下之利』。知正之所在而固守之，信也，即貞也，故曰『信一天下之動』。」

21. 惟君子為能與時消息，順性命、躬天德而誠行之也。精義時措，故能保合太和，健利且貞，孟子所謂始終條理，集大成於聖智者與！《易》曰：「大明終始，六位時成，時乘六龍以御天。乾道變化，各正性命。保合太和，乃利貞。」其此之謂乎！（《正蒙·大易篇》第二十六章）

《發微》曰：「此釋《乾·彖傳》『大明終始』以下二節之義。與時消息，長以乾道變化言；順性命，以各正性命言。躬天德而誠行之，謂時乘六龍以御天，始終聖智，謂『大明終始』也。」

致　謝

　　三年的博士生生活就要結束，六年的陝師大中哲求學路也要走完，然而前途依然漫漫。此時的我，帶著些許惆悵，在此略陳我對中哲諸師和好友的謝忱。

　　我不是哲學科班出身，所以於哲學多懵懂。幸得導師林樂昌先生不棄，指導我攻讀碩士生和博士生課程。林師對我悉心教誨，詳為指導，使我自知不足而奮力補拙。本學位論文之能夠如期完成，多賴林師呵護，因為本書之題目乃林師所賜、論文之核心論題乃林師所啟、論文之文獻輯編乃林師所指、論文之章節安排和文字潤色乃林師所助……。中哲導師組劉學智老師、丁為祥老師、康中乾老師、許寧老師、孫萌老師和曹樹明老師，在我學習和論文撰寫過程中給予我許多幫助和支持，特別在開題、預答辯時無私地給我提出很多寶貴建議。在我心目中，他們都是那麼地可敬可愛，可敬源自他們精勤的治學態度和精深的學術研究，可愛因著他們善良的德性和平易的氣象。我還記得林師「學、思、寫」和「辨章學術，考鏡源流」的教誨、還記得劉師「學中哲要立志吃大苦」和「以圖書館為師」的教誨、還記得丁師「從一顆滾燙的心中流淌出來」的教誨、還記得許師「金石為研，創新為究，虛心向學為生」的教誨……。我感受著林師注重文獻的哲學之風、劉師富有睿智的哲學之風、丁師充滿激情的哲學情結、康師專注本體的哲學情趣、許師欣然有為的哲學精神、孫師飽滿熱情的哲學態度……。諸師共同支撐起師大中國哲學的廣闊富饒天地，使得渺小的我能夠窺視人生的精妙和傳統學問的精深，心中頓生「高山仰止，景行行止」的敬畏。三年來，我嚮往於師大中哲諸師之品德學識，我確信已受其頗多滋養，勢必影響我以後的人生之路。在此向可敬可愛的中哲諸師致禮，道聲謝謝。

　　勵學共進的好友，使我避免了獨學之弊，為我的生活增添樂趣。三年來，與劉峰和張瑞元交流最多，得到了邸利平和魏濤師兄的鼓勵，與馬新焱、杜林傑、劉兆玉一起輸入了《正蒙補注》，在此也向諸位說聲謝謝。市場經濟下的中國，發表論文的任務讓很多師大博士生頭疼，高昂的版面費生生地攫取了我們本來不高的生活補助，同學王曉璡、李守渠幫助我發表論文，在此也深表感謝。

　　叩謝父母雙親和育英堂！

　　言不盡我謝意。學業未精，我要一直努力！

邱忠堂

2013 年 5 月 15 日

再致謝

　　博士畢業已九年，惶惶度日，不知三省吾身，感覺學業都荒廢了，心中多有愧意。本次博士論文能夠出版，得益於導師林樂昌教授的大力推薦，在此致以衷心感謝。同時，感謝花木蘭文化事業有限公司楊嘉樂先生的幫助。

　　人生不易，歲月蹉跎。感謝師父羅福勝先生的啟蒙和數十年的教誨。

邱忠堂

於內蒙古師範大學盛樂校區

2022 年 8 月 8 日